Contabilidade de Petróleo e Gás: USGAAP, IFRS e Caso Petrobras

CB055697

Dados Internacionais de Catalogação na Publicação (CIP)
(Câmara Brasileira do Livro, SP, Brasil)

Silva, Carlos Eduardo
Contabilidade de petróleo e gás : USGAAP, IFRS e caso
Petrobras / Carlos Eduardo Silva, Adriano Rodrigues.
-- São Paulo : Cengage Learning, 2012.

Bibliografia
ISBN 978-85-221-1086-5

1. Contabilidade 2. Contabilidade de custos 3. Gás
natural - Brasil 4. Gás natural - Indústria e comércio
- Brasil 5. Petróleo - Brasil 6. Petróleo - Indústria
e comércio - Brasil - Custos I. Rodrigues, Adriano.
II. Título.

11-01769   CDD-338.476655

Índice para catálogo sistemático:
1. Brasil : Petróleo e gás : Contabilidade : Economia 338.476655

Contabilidade de Petróleo e Gás: USGAAP, IFRS e Caso Petrobras

Adriano Rodrigues

Carlos Eduardo Silva

Austrália • Brasil • Japão • Coreia • México • Cingapura • Espanha • Reino Unido • Estados Unidos

Contabilidade de Petróleo e Gás: USGAAP, IFRS e Caso Petrobras
Adriano Rodrigues e Carlos Eduardo Silva

Gerente Editorial: Patricia La Rosa

Editora de Desenvolvimento: Noelma Brocanelli

Supervisora de Produção Editorial: Fabiana Alencar Albuquerque

Copidesque: Iara Arakaki Ramos

Revisão: Luicy Caetano de Oliveira e Maria Dolores D. Sierra Mata

Diagramação: Cia. Editorial

Ilustrações: Weber Amendola (figuras 3.1 – 3.2 – 3.6 – 3.10 – 3.12 – 3.13)

Capa: Souto Crescimento de Marca

© 2012 Cengage Learning. Todos os direitos reservados.

Todos os direitos reservados. Nenhuma parte deste livro poderá ser reproduzida, sejam quais forem os meios empregados, sem a permissão, por escrito, da Editora. Aos infratores aplicam-se as sanções previstas nos artigos 102, 104, 106 e 107 da Lei nº 9.610, de 19 de fevereiro de 1998.

Esta editora empenhou-se em contatar os responsáveis pelos direitos autorais de todas as imagens e de outros materiais utilizados neste livro. Se porventura for constatada a omissão involuntária na identificação de algum deles, dispomo-nos a efetuar, futuramente, os possíveis acertos.

Para informações sobre nossos produtos, entre em contato pelo telefone **0800 11 19 39**

Para permissão de uso de material desta obra, envie seu pedido para **direitosautorais@cengage.com**

© 2012 Cengage Learning. Todos os direitos reservados.

ISBN-13: 978-85-221-1086-5
ISBN-10: 85-221-1086-7

Cengage Learning
Condomínio E-Business Park
Rua Werner Siemens, 111 – Prédio 20 – Espaço 4
Lapa de Baixo – CEP 05069-900
São Paulo – SP
Tel.: (11) 3665-9900 – Fax: (11) 3665-9901
SAC: 0800 11 19 39

Para suas soluções de curso e aprendizado, visite **www.cengage.com.br**

Impresso no Brasil.
Printed in Brazil.
1 2 3   13 12 11

SUMÁRIO

Prefácio   IX

1 O mercado de petróleo e gás   1
   1.1 Características básicas   1
   1.2 A indústria do petróleo e gás   3
   1.3 Sobre a exploração e produção de petróleo e gás   4
      1.3.1 Participando de leilões para aquisição de direitos de exploração   4
      1.3.2 Explorando a área exploratória   5
      1.3.3 Avaliando e completando um poço   5
      1.3.4 Desenvolvendo e produzindo a área   6
      1.3.5 Abandonando a área produtora   7
   1.4 Resumo   8

2 Gastos associados à indústria de petróleo e gás   11
   2.1 Gastos de aquisição   12
   2.2 Gastos de exploração   12
   2.3 Gastos de desenvolvimento   14
   2.4 Gastos de produção   14
   2.5 Resumo   15

3 USGAAP: métodos contábeis aplicados nas atividades de exploração e produção de petróleo e gás 19

3.1 O método dos esforços bem-sucedidos (*successful efforts accounting*) 22

3.1.1 Gastos de aquisição de propriedades não provadas 23

3.1.2 Contabilização dos gastos de exploração 25

3.1.2.1 Gastos de geologia e geofísica 25

3.1.2.2 Gastos de retenção de propriedades não provadas 28

3.1.2.3 Aquisição de dados sísmicos 28

3.1.2.4 Gastos de perfuração de poços exploratórios 29

3.1.2.5 Diferimento dos gastos do poço exploratório 30

3.1.3 Gastos de desenvolvimento de poços 31

3.1.4 Gastos de produção 35

3.1.5 A amortização conforme o método dos esforços bem-sucedidos 40

3.1.5.1 Amortização dos gastos de propriedades provadas 41

3.1.5.2 Depreciação de equipamentos e instalações de apoio 44

3.1.6 Resumo do método dos esforços bem-sucedidos 47

3.1.7 Exercícios de fixação – Método dos esforços bem-sucedidos 47

3.2 O método do custo total (*full cost accounting*) 50

3.2.1 A acumulação dos gastos no custo total 52

3.2.2 A contabilização dos gastos no custo total 52

3.2.3 A depreciação/amortização conforme o método do custo total 52

3.2.3.1 Os gastos passíveis de amortização/depreciação 53

3.2.3.2 Os gastos excluídos do cálculo 53

3.2.3.3 Amortização dos gastos ativados 54

3.2.4 Resumo do método do custo total 56

3.2.5 Exercícios de fixação – Método do custo total 57

3.3. Resumo 59

4 USGAAP: tópicos especiais sobre contabilidade de petróleo e gás 63

4.1 *Impairment of assets* (ou redução ao valor recuperável de ativos) 63

4.1.1 *Impairment* no método dos esforços bem-sucedidos 63

4.1.2 *Impairment* no método do custo total 67

4.2 Provisão de abandono   68

4.3 Reservas de petróleo e gás   70

5 IFRS: tópicos relevantes sobre normas internacionais de contabilidade aplicadas à indústria de petróleo e gás   73

5.1 IFRS 6 – Exploração e avaliação de recursos minerais   73

5.2 Como tratar a redução ao valor recuperável de ativos?   77

    5.2.1 Considerações feitas pela IFRS 6   77

    5.2.2 Síntese da norma IAS 36   79

5.3 Como tratar a provisão de abandono   82

6 Caso Petrobras   85

6.1 Introdução   85

6.2 Apresentação da empresa   86

6.3 Breve descrição do período de análise   87

6.4 Descrição e análise dos dados   88

    6.4.1 Notas explicativas   89

        6.4.1.1 Gastos com exploração e desenvolvimento da produção de petróleo e gás   95

    6.4.2 Efeitos das mudanças nas demonstrações financeiras da companhia   97

        6.4.2.1 Análise descritiva dos efeitos das alterações de práticas contábeis   99

    6.4.3 Simulação dos dados contábeis   101

6.5 Comentários finais   105

Referências bibliográficas   109

Anexo I Glossário   113

Anexo II Teste de *Impairment*   119

Anexo III Lista de exercícios   121

Prefácio

Finalmente um livro sobre Contabilidade de Petróleo e Gás no Brasil!
Comemoro isso com especial alegria, porque há sete anos participei de um projeto contratado pela Agência Nacional do Petróleo (ANP) na Deloitte Touche Tohmatsu que, com o apoio da Fundação Instituto de Pesquisas Contábeis, Atuariais e Financeiras (Fipecafi), elaborou uma proposta de manual de contabilidade para petróleo e gás. O trabalho destinava-se a ser a norma brasileira relativa ao tema e estava fortemente calcado no que havia de melhor sobre o assunto principalmente nos Estados Unidos e na Inglaterra, mas nunca mais se soube do projeto e o vazio continuou.
O International Accounting Standards Board (IASB), que o Brasil atualmente tem como base para a emissão de suas normas contábeis por meio do Comitê de Pronunciamentos Contábeis (CPC), não possui, até o momento, qualquer norma completa sobre esse assunto. Seu único documento dedicado à exploração e avaliação de recursos minerais, abordado nesta obra, é parcial e não obrigatório, tanto que o CPC não o adotou e, desse modo, aguarda pela versão integral.
Vê-se assim que este livro é efetivamente inédito e necessário em nosso país, e foi elaborado por profissionais competentes e preparados que se esmeraram em discutir essa contabilidade específica com profundidade, mas sem perder de vista a necessidade didática principalmente para os que estão entrando nesse campo.
Os autores tomaram como base a normatização do Financial Accounting Standards Board (FASB). Sugiro enfaticamente que se atenha à metodologia do *successful efforts*, a qual o FASB originalmente queria que fosse a única a ser utilizada pela indústria do setor. E faço isso não só porque é o método mais

utilizado principalmente pelas grandes companhias, mas, também, porque contém princípios válidos a muitas outras indústrias que exigem grandes esforços de prospecção.

O trabalho se completa porque os autores tiveram o cuidado de incluir glossário, exemplos e exercícios práticos.

Parabéns aos autores e muito boa leitura!

Eliseu Martins
Professor Titular da Universidade de São Paulo (FEA/USP)
Ex-diretor da Comissão de Valores Mobiliários (CVM)

Capítulo 1

O mercado de petróleo e gás

1.1 Características básicas

O petróleo é uma mistura de hidrocarbonetos, formados por restos de plantas e animais, principalmente, pequena vida marinha, que viveram há milhões de anos. Esses hidrocarbonetos são encontrados em minúsculos e interligados poros de algumas formações rochosas subterrâneas, localizadas a milhares de metros abaixo da superfície.

De acordo com Thomas (2001, p. 4-5):

> o petróleo é constituído, basicamente, por uma mistura de compostos químicos orgânicos (hidrocarbonetos). Quando a mistura contém uma maior porcentagem de moléculas pequenas seu estado físico é gasoso, e quando a mistura contém moléculas maiores seu estado físico é líquido, nas condições normais de temperatura e pressão.
>
> [...]
>
> os óleos obtidos de diferentes reservatórios de petróleo possuem características diferentes. Alguns são pretos, densos, viscosos, liberando pouco ou nenhum gás, enquanto que outros são castanhos ou bastante claros, com baixa viscosidade e densidade, liberando quantidade apreciável de gás. Outros reservatórios, ainda, podem produzir somente gás.

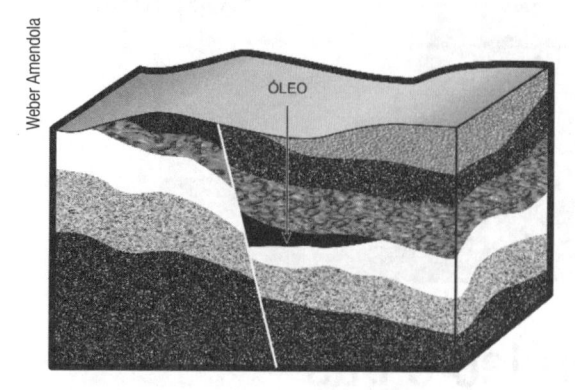

Figura 1.1 – Acumulação de óleo
Fonte: Adaptado de GALLUN, STEVENSON E NICHOLS (1993, p. 4).

Estes reservatórios subterrâneos de petróleo são comumente chamados reservas. Em média, somente 30% do volume total de óleo e gás do reservatório é extraído, sendo este o valor computado e denominado como reserva de petróleo (ou reserva de óleo e gás) (THOMAS, 2001, p. 204).

Do processamento do petróleo extraem-se numerosos produtos, tais como óleo diesel, óleo combustível, gasolina, nafta, lubrificantes, querosene de aviação, gás natural veicular (GNV), gás liquefeito de petróleo ou gás de cozinha (GLP) e muitos outros.

O gás natural usualmente contém algumas das mais próximas e menores moléculas de hidrocarbonetos encontrados na natureza: metano (CH_4), etano (C_2H_6), propano (C_5H_8), butano (C_4H_{10}) e gasolinas naturais (C_5H_{12} até $C_{10}H_{22}$). A mistura das quatro primeiras moléculas de hidrocarbonetos denomina-se líquido de gás natural (LGN), e é uma matéria-prima valiosa na indústria petroquímica. Já o GLP é uma mistura de LGN, contendo, principalmente, butano e propano (JENNINGS, FEITEN e BROCK, 2000, p. 2).

O óleo cru pode conter muitas misturas de hidrocarbonetos líquidos e ser classificado como leve ou pesado, dependendo da densidade da mistura, medida em graus API,[1] observando que, quanto maior o grau API, mais leve é o óleo. O óleo pesado tem moléculas de hidrocarbonetos maiores, mais longas e, assim, apresenta maior densidade que o óleo leve. Ele pode ser tão denso e grosso, que fica difícil produzi-lo e transportá-lo até o mercado. Além disso, tem um elevado custo para ser transformado em produtos valiosos como a gasolina. Consequentemente, o óleo pesado vendido vale muito menos que o óleo leve (JENNINGS, FEITEN e BROCK, 2000, p. 4).

O óleo e o gás são medidos em volumes, sendo que o volume de óleo é expresso em barris (bbl), e o de gás em metros cúbicos (m^3). Quando temos vo-

---

[1] Grau API é uma medida padrão de densidade do petróleo líquido. Gasolinas e óleos crus muito leves possuem grau API em torno de 50° a 60°. Óleos leves têm o grau API variando entre 35° e 45°, enquanto os óleos pesados possuem grau API entre 6° e 25° (curiosamente a água tem 10° API). API é a abreviatura de American Petroleum Institute, criado em 1920.

lumes combinados de óleo e gás, estes são expressos em barris de óleo equivalente (boe).

1.2 A indústria do petróleo e gás

A indústria do petróleo e gás possui três grandes segmentos:

1) *Exploração e produção (E&P)*: são companhias de petróleo, as quais exploram reservatórios subterrâneos e produzem descobertas de óleo e gás usando poços perfurados através de reservas de óleo, gás e água, que são trazidos à superfície para serem separados.

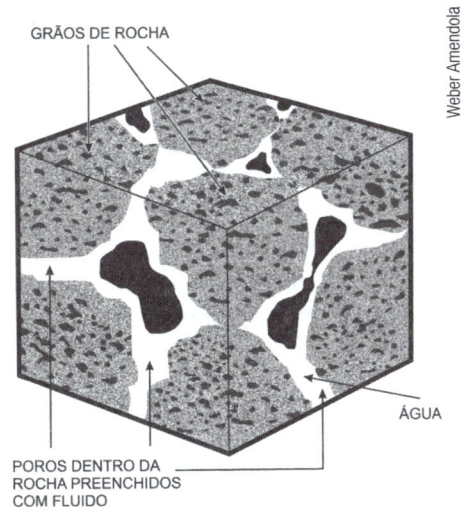

Figura 1.2 – Porosidade em uma rocha reservatório
Fonte: Adaptado de Jennings, Feiten e Brock (2000, p. 90).

2) *Refino*: é formado por refinarias de óleo e plantas de processamento de gás que separam e processam os gases e hidrocarbonetos fluidos em vários produtos comercializáveis. Depois, os produtos derivados do refino e LGN podem ser processados em plantas petroquímicas. Alguns produtos petroquímicos podem, em troca, ser enviados às refinarias de óleo para que ocorra a mistura ou o processamento com outros hidrocarbonetos líquidos dando origem a vários produtos derivados, tais como a gasolina.

3) *Transporte, distribuição e estocagem*: é o transporte do petróleo dos campos de produção até as refinarias e plantas de processamento de gás. O óleo é transportado por dutos, caminhões, navios-tanque e barcaças, já o gás natural, por dutos. Os derivados e GLP são transportados similarmente por vários meios até os pontos de distribuição de varejo, como os postos de gasolina.

O segmento de E&P é também chamado operações de *upstream* (ou *upstream*) e os outros dois segmentos são as operações de *downstream* (ou, simplesmente, *downstream*).

As companhias que possuem ambas as operações são verticalmente integradas na indústria do petróleo e, em consequência, são chamadas integradas. Outras companhias envolvidas somente com o *upstream*, são chamadas independentes.

1.3 Sobre a exploração e produção de petróleo e gás

O petróleo é descoberto e produzido através de poços perfurados até as reservas. Um poço exploratório é aquele perfurado para descobrir ou delinear reservas de petróleo. Um poço de desenvolvimento é aquele perfurado para produzir uma porção prévia de óleo e gás descobertos. Uma grande reserva de petróleo pode ter um ou mais poços exploratórios, e/ou vários poços de desenvolvimento de produção. A seguir, serão descritas as principais etapas da fase de exploração e produção de petróleo e gás.

1.3.1 Participando de leilões para aquisição de direitos de exploração

Geralmente, os governos dos países selecionam previamente áreas a serem ofertadas às empresas petrolíferas por meio de leilões públicos. Nesses casos, um grupo de pessoas indicadas por esses governos realizam um *Road Show* em diversos países com o intuito de "vender" essas áreas às empresas. Caso surjam interessados, o governo do país interessado em ofertar as áreas vende um conjunto de dados referente a elas para que as empresas realizem seus estudos preliminares com a intenção de analisar a possibilidade de participar do leilão.

As características desses leilões são as seguintes:

- O governo determina um valor mínimo para a aquisição dos direitos (lance mínimo) e, também, um programa de trabalho mínimo.
- Esse programa de trabalho consiste em determinar a quantidade mínima de poços exploratórios que deverão ser perfurados, a área mínima do bloco que deverá ser coberta por um levantamento sísmico (espécie de "ultrassom" do solo), bem como o período para a conclusão dessas atividades.
- Concluído esse período mínimo, a empresa, ou grupo de empresas em forma de consórcio, deverá decidir se iniciará a fase de preparação da produção (desenvolvimento da produção), ou seja, neste caso encontrou petróleo em escala comercial, ou não encontrou petróleo ou encontrou em uma quantidade que não é comercial.
- Caso a empresa (ou as empresas) tenha decidido produzir petróleo, ela, em geral, determinará a área, do total inicialmente concedido, em que permanecerá, e devolverá o restante ao governo, que poderá ofertá-la novamente em um leilão futuro.

A situação descrita anteriormente é típica de países que já são produtores, ou seja, oferecem um risco menor de negócio.

Os países que querem desenvolver sua indústria petrolífera geralmente se associam a uma grande empresa, e esta conduz todo o trabalho. Desde o levantamento e processamento de dados sísmicos, perfuração etc.

1.3.2 Explorando a área exploratória

Para encontrar reservatórios subterrâneos de petróleo, é necessária a perfuração de poços exploratórios. Exploração é risco; dois terços dos poços de exploração, nos Estados Unidos, em 1998, foram abandonados como "poços secos" (*dry holes*), isso é, não são comercialmente produtivos (JENNINGS, FEITEN e BROCK, 2000, p. 7).

Vários poços secos podem ser perfurados em uma área arrendada muito vasta até que se encontre um reservatório economicamente produtivo (JENNINGS, FEITEN e BROCK, 2000, p. 7). Para perfurar um poço, em geral, determinada companhia de petróleo subcontrata o trabalho de uma companhia de perfuração, que possui e opera sondas de perfuração de poços.

1.3.3 Avaliando e completando um poço

Após a perfuração de um poço, sofisticadas ferramentas de medição são inseridas no interior do poço para ajudar a determinar a natureza, profundidade e produção potencial da formação rochosa encontrada. Se o registro dessas medidas indicarem reservas suficientes de óleo e gás, então, a companhia de petróleo despenderá substanciais somas para "completar" o poço a fim de que se produza óleo e gás com segurança.

Figura 1.3a – Brocas de perfuração.

Figura 1.3b – Instalação do *manifold* do campo de Albacora na bacia de Campos.

Após a finalização do poço, ou seja, quando a cimentação é concluída, uma ferramenta similar a um canhão é inserida nele, na profundidade onde o reservatório está localizado e, então, é feito um disparo de ar comprimido, o qual provoca diversos furos em seu revestimento, por onde escoam o óleo e o gás até a superfície.

A Figura 1.3b apresenta o sistema de válvulas (*manifold*) que permite controlar a vazão e pressão do óleo e do gás que escoam do poço.

1.3.4 Desenvolvendo e produzindo a área

Depois de descoberto o reservatório (ou conjunto de reservatórios que podemos chamar de campo), poços adicionais podem ser perfurados e equipamentos podem ser instalados na superfície para habilitar o campo a ser eficiente e economicamente produtivo. A água que acompanha a produção de óleo e gás, em geral, é bombeada de volta para o interior dos reservatórios ou outra formação rochosa próxima. A vida produtiva varia largamente de reservatório a reservatório. Alguns produzem há 50 anos, outros por apenas alguns poucos anos e, alguns, por apenas poucos dias (Jennings, Feiten e Brock, 2000, p. 8).

Muitas vezes a taxa de produção declina com o tempo decorrente da redução da pressão interna do reservatório, causada pela redução do volume de fluidos e gás no reservatório. Os custos de produção são em grande parte fixos independentemente da taxa de produção. Eventualmente, a taxa de produção de determinado poço declina a um nível cujos custos as receitas não cobrirão por muito tempo. Os engenheiros de petróleo referem-se a esse nível como limite econômico do poço.

Figura 1.4 – Sistema de elevação de óleo em terra.

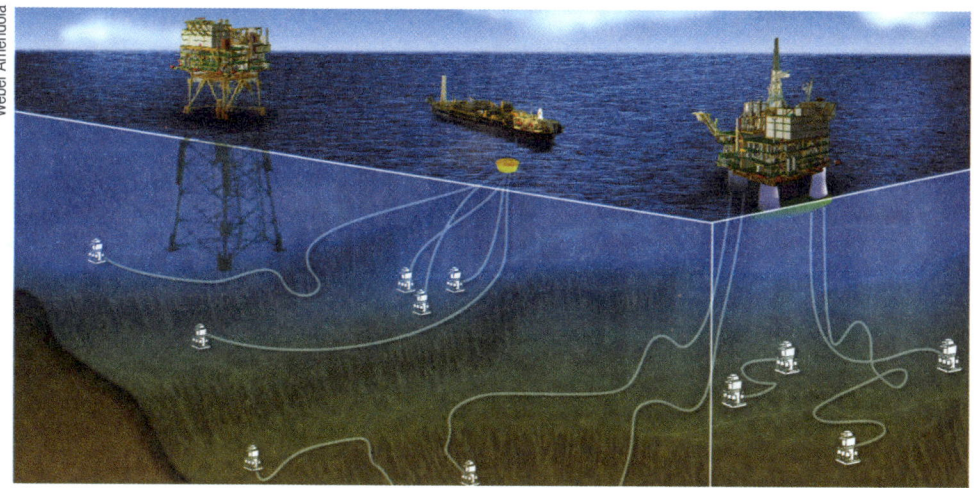

Figura 1.5 – Sistema de produção em mar.

1.3.5 Abandonando a área produtora

Quando um campo alcança seu limite econômico, seus poços são tamponados, ou seja, são selados até uma área localizada abaixo da superfície e o equipamento na superfície é removido. Alguns bens e equipamentos de superfície podem ser recuperados e usados em outro lugar. Os gastos de tamponamento e abandono são comumente chamados custo de abandono de área.

Para áreas produtoras em terra, os gastos futuros com abandono destas não são significativos, em comparação aos gastos de abandono de áreas produtoras em mar (*offshore*). Basicamente, esses gastos referem-se à retirada de dutos e plataformas (GALLUN, STEVENSON e NICHOLS, 1993, p. 179).

Após o término da produção, em razão do alcance do limite econômico do campo ou do fim do prazo de concessão, a propriedade da área volta para o governo arrendador.

O gráfico a seguir ilustra o comportamento do fluxo de caixa na atividade de exploração e produção de petróleo desde a fase de exploração, ou seja, da procura por reservas provadas de petróleo até o abandono do campo produtor.

Percebe-se claramente que a fase de maior investimento é a do desenvolvimento de produção, pois é o momento em que são construídos todos os sistemas e equipamentos (principalmente plataformas e dutos).

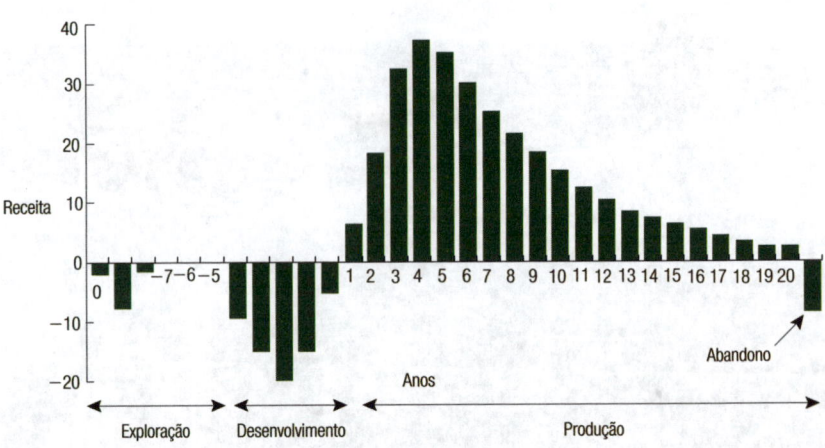

Figura 1.6 – Comportamento do fluxo de caixa na atividade de E&P.

É possível supor que o gráfico retrata, por meio da proporção dos valores envolvidos nas fases de exploração e desenvolvimento, uma atividade *offshore*, uma vez que os gastos de desenvolvimento de produção de petróleo em áreas marítimas são normalmente vultosos.

Para sintetizar, a Figura 1.7 representa, de maneira geral, os dois macroprocessos da indústria de petróleo.

Figura 1.7 – Fluxo das atividades de E&P.
Fonte: Santos, Silva e Marques (2005).

1.4 Resumo

Este primeiro capítulo teve o propósito de apresentar algumas considerações básicas sobre o mineral petróleo e algumas características de sua indústria e do seu mercado. Foi visto que o petróleo é composto de uma mistura de hidrocarbonetos, em estado gasoso e/ou líquido, aprisionados nos poros de rochas subterrâneas, podendo ter viscosidades diferentes, assim, os mais leves, quando processados, produzem maior quantidade de derivados com maior valor de mercado do que os óleos pesados.

A indústria do petróleo e gás é dividida em três grandes segmentos:

- *Exploração e produção (E&P)*: são as companhias que se destinam somente a explorar e produzir petróleo;
- *Refino*: é formado pelas refinarias, onde é processado o petróleo extraído pela E&P; e
- *Distribuição*: é a distribuição de óleo e derivados aos pontos de varejo, como os postos de combustíveis.

O primeiro segmento é conhecido como *upstream*, e os dois últimos, como *dowstream*. As companhias que atuam nas três áreas são chamadas integradas, enquanto as que operam somente com E&P chamam-se independentes.

Ao final deste capítulo foram descritas e comentadas as principais etapas da fase de exploração e produção de petróleo e gás.

Capítulo 2

Gastos associados à indústria de petróleo e gás

A Security Exchange Commission (SEC), por meio da Regulation S-X, define as atividades de produção de petróleo e gás como (SEC, 1975, p. 28):

1. a busca por óleo cru, incluindo condensado e líquido de gás natural, ou gás natural (óleo e gás), em seu estado natural e na sua locação original;
2. a aquisição de direitos ou propriedades com o propósito de explorar futuramente e/ou com o propósito de remoção do óleo ou gás dos reservatórios existentes nessas propriedades;
3. as atividades de construção, perfuração e produção necessárias para recuperar o óleo e o gás desses reservatórios naturais; a aquisição, construção, instalação e manutenção de sistemas de acúmulo e estocagem no campo – incluindo a elevação do óleo e do gás à superfície, acúmulo, tratamento, processamento no campo (como, por exemplo, a separação do gás natural e do óleo) e a estocagem no campo.

Nessa mesma norma, a SEC define as atividades que não são consideradas atividades de exploração. São elas:

a. o transporte, refino e venda de óleo e gás;
b. as atividades relacionadas à produção de recursos naturais outros que não sejam óleo e gás;
c. a extração de hidrocarbonetos do xisto, piche ou carvão.

Na Regulation S-X, rule 4-10 (1)(i)(c), a SEC ainda determina um limite físico entre a produção, o refino e distribuição de petróleo. A produção físicamente termina na válvula de saída de produtos ou no tanque de estocagem em campo. Em condições físicas ou operacionais não usuais, considera-se o término da produção o primeiro ponto no qual o óleo, gás, ou líquido de gás são entregues a um duto principal, terminal marítimo ou refinaria (SEC, 1975, p. 28).

Nesse contexto, a contabilidade de petróleo e gás relaciona-se com a contabilização de quatro gastos básicos incorridos pelas companhias desse setor nas atividades de exploração e produção de petróleo e gás (GALLUN, STEVENSON e NICHOLS, 1993, p. 31). São eles:

- gastos de aquisição;
- gastos de exploração;
- gastos de desenvolvimento; e
- gastos de produção.

2.1 Gastos de aquisição

São os gastos incorridos na aquisição de áreas, isto é, gastos incorridos na aquisição dos direitos de explorar, perfurar, produzir óleo e gás natural. Incluem todos os gastos para comprar, arrendar, ou outra forma de adquirir uma propriedade ou direito de explorar, perfurar e produzir óleo e gás. Eles abrangem bônus, opções de compra ou arrendamento, comissões, taxas de agenciamento/intermediação, taxas de registro, gastos legais e outros incorridos na obtenção dos direitos da exploração mineral (FASB, SFAS 19, 1977, p. 8).

2.2 Gastos de exploração

São os gastos incorridos na exploração da(s) área(s). A exploração envolve: (1) exames para identificação de áreas e (2) exames em áreas específicas que possivelmente contêm reservas de óleo e gás.

Esses gastos podem ocorrer antes da propriedade ser adquirida (muitas vezes uma parte é chamada gastos de prospecção[1]) e depois de ser adquirida. Através da Regulation S-X, a SEC determina quais gastos são considerados gastos de exploração (SEC, 1975, p. 29):

---

[1] Quando uma empresa, por exemplo, adquire dados sísmicos de um governo ou entidade estatal que o representa com o objetivo de participar de um processo licitatório para adquirir direitos de exploração de uma determinada área, o gasto desse processo pode ser denominado gasto de prospecção.

a. Gastos de geologia e geofísica: incluem estudos topográficos, geológicos e geofísicos, direitos de acesso às propriedades ou áreas, salários e outras despesas relacionadas a geólogos, geofísicos, bem como outras pessoas que conduzem esses estudos;
b. Gastos de retenção de propriedades não desenvolvidas: são incorridos para manter os direitos de propriedade, incluindo impostos, demais gastos legais e de manutenção da terra e/ou do arrendamento;
c. Aquisição de dados sísmicos: são pagamentos feitos por uma companhia à outra para troca de informações relativas à geologia e à geofísica específicas, obtidas durante a perfuração em uma área vizinha;
d. Gastos para perfurar e equipar poços exploratórios e para perfurar poços de testes tipo-estratigráficos.

Incluem-se nesses gastos todos aqueles incorridos na montagem da infraestrutura das atividades de exploração.

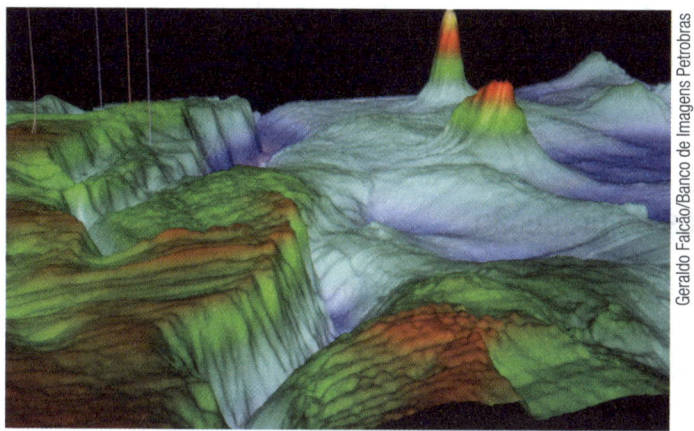

Figura 2.1 – Visualização sísmica de reservatório em 3-D no Centro de Realidade Virtual do Edifício Marechal Adhemar de Queiroz (EDISE).

A Agência Nacional de Petróleo (ANP), na Portaria n. 10/99, também considera gastos de exploração os descritos anteriormente.

Ao observar a Lei n. 9.478/97 – art. 51 (Lei do Petróleo) nota-se que o pagamento pela ocupação ou retenção de área, recolhido anualmente e calculado de acordo com o tamanho da área de concessão, medido em quilômetros quadrados, é um tipo de gasto que ocorre durante as fases de exploração, desenvolvimento e produção. Assim, sua classificação dependerá da fase em que o projeto se encontra.

2.3 Gastos de desenvolvimento

São os gastos incorridos na preparação das reservas provadas para produção, isto é, gastos incorridos para obter acesso às reservas provadas, inclusive gastos para a perfuração de poços de desenvolvimento, de poços de desenvolvimento tipo-estratigráficos, incluindo os gastos de plataformas e equipamentos de poços, para prover instalações para extração, tratamento, recolhimento e estocagem do óleo e do gás. Os gastos das instalações de produção, como linhas de escoamento, separadores, tratadores, aquecedores, tanques de estocagem, sistemas de recuperação e instalações de processamento de gás, são também considerados gastos de desenvolvimento. (FASB, SFAS 19, 1977, p. 9).

Figura 2.2 – Sonda de perfuração terrestre em operação.

2.4 Gastos de produção

Entende-se por produção a retirada do óleo do reservatório, acúmulo, tratamento, processamento e estocagem no campo.

Desse modo, os custos de produção são os incorridos para levar óleo e gás à superfície e coletá-los, tratá-los, processá-los e armazená-los (no campo) (FASB, SFAS 19, 1977, p. 10). De maneira geral, são incorridos para a operação e manutenção de poços, equipamentos e instalações relacionados à produção, incluindo depreciação dos equipamentos, a amortização/exaustão das reservas e poços. Também estão incluídos os gastos com a mão de obra para operar os poços e instalações, reparo e manutenção, materiais e suprimentos consumidos, impostos de produção e outros tributos.

Os custos de produção também são compostos pelo porcentual da produção pago ao arrendador da área, ou seja, o governo e, em alguns casos, uma pessoa física/jurídica, a depender da localização da área – caso esteja no mar, somente o governo, caso esteja em terra, inclui-se o proprietário da área. No Brasil, a empresa produtora de petróleo também paga um porcentual da produção ao Estado de três formas, descritas a seguir.

No Brasil, os *royalties*, a participação especial e a taxa de ocupação de área compõem o custo de produção do óleo e do gás e são denominados conjuntamente participações governamentais. Os *royalties* equivalem a 10% da produção mensal de óleo e gás. A participação especial é um pagamento adicional decorrente da alta produção ou rentabilidade do campo produtor de óleo e gás, e seu valor é calculado segundo uma matriz, contendo o volume de produção trimestral, a área onde está situada a concessão e o ano de produção de cada campo. Por fim, o Decreto n. 2705/98 apresenta a taxa de ocupação de área, que é uma espécie de aluguel, calculado conforme o tamanho da área de concessão (BRASIL, 1998).

A Lei n. 9.478/97 define as participações governamentais que são recebidas pela ANP, que retém uma parcela, e repassa o restante, que será dividido entre a União, estados e municípios produtores, bem como outros fundos específicos.

A Figura 2.3, demonstra de modo bem simplificado o fluxo de produção de óleo e gás, desde sua extração do reservatório até a sua venda, ou transferência para uma refinaria a fim de ser processado.

Os pontos 2 e 3 demonstram o local no qual o óleo (somente ele ou com gás emulsionado) é transferido, para essa operação utiliza-se um oleoduto ou, então, é possível ser efetuada por transporte em caminhões.

O ponto 4 demonstra o descarte da água salgada, geralmente para o interior do reservatório, contribuindo desse modo para a manutenção da vazão de óleo e gás dele.

O ponto 5 representa a venda do gás via gasoduto, em que a medição é feita através de um equipamento medidor de vazão. Geralmente esse equipamento armazena os dados relativos às quantidades transferidas que serão utilizadas para o faturamento das vendas.

2.5 Resumo

Este capítulo destinou-se a definir as atividades de exploração e produção de petróleo e gás de acordo com os conceitos utilizados pela SEC. Por fim, foram vistos os tipos de gastos incorridos para a execução dessas atividades. A SEC define as atividades que podem ser consideradas de exploração e produção de petróleo – a busca por óleo cru ou gás natural, aquisição dos direitos ou de propriedades com esse propósito, a construção de instalações para a execução destas atividades – e também quais atividades não podem ser consideradas de exploração e produção de óleo e gás, bem como o limite físico (territorial) entre as áreas de produção, refino e distribuição de petróleo.

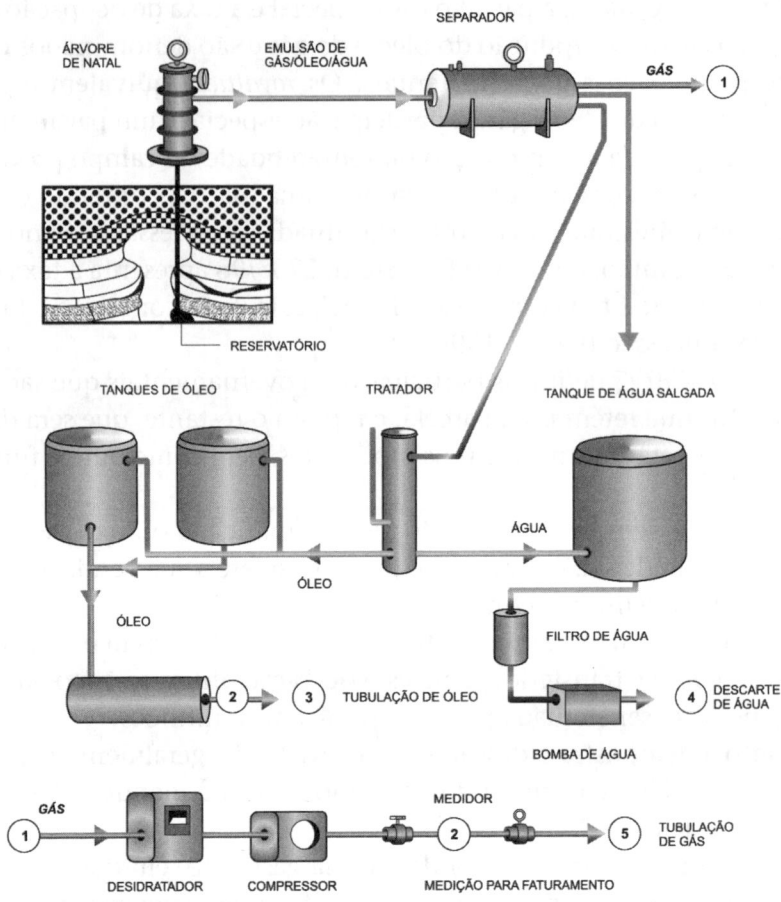

Figura 2.3 – Fluxo do tratamento e separação do óleo e do gás.
Fonte: Adaptado de Jennings, Feiten e Brock (2000, p. 256).

Antes de adquirir os direitos de explorar uma propriedade, a companhia pode desenvolver atividades exploratórias preliminares a fim de descobrir indícios favoráveis sobre a existência de reservas provadas. Em caso positivo, a empresa avança na exploração da propriedade perfurando poços. Consequentemente, quando encontrado um reservatório de petróleo, este é avaliado, ao ser declarado comercial inicia-se a produção de óleo e gás. Por fim, quando todo o petróleo for extraído ou o nível de produção chegar a um ponto em que sua produção não seja mais economicamente viável, os poços serão tamponados e a área ao redor será restaurada ambientalmente e, então, abandonada.

Na execução dessas atividades, a empresa incorre em quatro tipos básicos de gastos: os gastos de aquisição, aqueles incorridos para se adquirir a propriedade, ou o direito de explorá-la; os gastos de exploração, aqueles incorridos para o estudo e determinação das áreas potencialmente produtoras; os gastos de desenvolvimento, os quais se referem à preparação do poço e da área que o cerca para a produção; e os custos de produção, referente à mão de obra, depreciação de equipamentos e outros relacionados à extração de óleo e gás.

O capítulo seguinte apresenta o tratamento contábil no registro desses gastos, conforme as duas metodologias utilizadas pelas empresas de petróleo: o método dos esforços bem-sucedidos e o do custo total.

Capítulo 3

USGAAP: métodos contábeis aplicados nas atividades de exploração e produção de petróleo e gás

Existem cinco métodos principais para contabilizar os gastos incorridos nas atividades de exploração e produção de petróleo e gás:

- Método do custo total (*full cost accounting*);
- Método dos esforços bem-sucedidos (*successful efforts accounting*);
- Método do valor de descoberta (*discovery value accounting*);
- Método do valor corrente (*current value accounting*);
- Método *expenses*.

Contudo, de acordo com o padrão contábil norte-americano, ou United State – Generally Accepted Accounting Principles (USGAAP), que é normatizado pelo Financial Accounting Standards Board (FASB), por meio do Statements of Financial Accounting Standards n. 19 (SFAS 19), somente os dois primeiros métodos são permitidos.

Desse modo, são utilizados pelas empresas petrolíferas o método dos esforços bem-sucedidos (aplicado pelas grandes empresas) e o método do custo total (empregado pelas empresas menores, ou independentes, que só atuam na exploração e produção e não nas demais etapas de refino e distribuição).[1]

---

[1] Ver, por exemplo, Naggar (1978, p. 72-77) e Johnson e Ramanan (1988, p. 96-110).

Por esses dois métodos (esforços bem-sucedidos e custo total) serem os mais comumente empregados no processo de elaboração e publicação das demonstrações contábeis das empresas do setor de petróleo e gás, pretende-se discutir suas características e particularidade de modo detalhado ao longo desse capítulo. Contudo, inicialmente, vamos apresentar de maneira concisa os outros três métodos: valor de descoberta, valor corrente e *expenses*.

Os parágrafos 120 a 124 do SFAS 19 descrevem o método do valor de descoberta. De acordo com esse método, as reservas minerais devem ser registradas por um valor estimado na época da descoberta ou, alternativamente, quando forem desenvolvidas. Os gastos de aquisição e exploração de propriedades são diferidos até que as reservas encontradas sejam avaliadas, momento em que esses gastos são reduzidos para que haja resultado. Após a descoberta, o valor contábil das reservas não poderá ser ajustado pela mudança nos preços, somente pela mudança na estimativa da quantidade de óleo e gás das reservas. O valor da descoberta será tratado como receita decorrente das atividades de exploração de óleo e gás, tornando-se o valor contábil (custo) das reservas. Esse valor será amortizado confrontando-se com as receitas resultantes da produção e venda do óleo e do gás (FASB, 1977, p. 46-47).[2]

O método do valor corrente é descrito nos parágrafos 125 a 127 do SFAS 19 (FASB, 1977, p. 47-48). Conforme esse método, as reservas de petróleo devem ser avaliadas a cada demonstração contábil, utilizando-se da informação disponível mais atual e dos métodos de avaliação das reservas descritos no parágrafo 122. As mudanças de valores das reservas podem se refletir diretamente na demonstração de resultado ou no patrimônio líquido. Conforme esse método, os dados podem ser apresentados para: (a) incremento de valores, resultantes de novas descobertas; (b) mudança nos valores resultantes de ajustes na quantidade de reservas; (c) realização de ganhos e perdas resultantes da reavaliação no fim do período da quantidade de reservas para refletir a mudança do valor unitário durante o período.[3]

O FASB, através do SFAS 19, não recomenda o método do valor de descoberta e o método do valor corrente para fins de elaboração das demonstrações contábeis, basicamente, pela incerteza e alto grau de subjetividade na elaboração das estimativas necessárias à mensuração do valor da descoberta das reservas de óleo e gás, que são: (a) a quantidade das reservas; (b) a quantia e o período dos gastos para desenvolver essas reservas; (c) o período para

---

[2] Para maiores informações sobre esse método, consultar o SFAS 19 (p. 46 a 47).
[3] Para maiores informações sobre este método, consultar o SFAS 19 (p. 47 a 48).

a produção das reservas; (d) os gastos de produção e impostos; (e) preços de venda; (f) as taxas de desconto que refletem o risco do negócio (FASB, 1977, p. 49-51).

De acordo com o método *expenses,* todo o gasto realizado na prospecção (aquisição e exploração) e desenvolvimento de novas reservas é considerado despesa do período, à exceção dos gastos relacionados a equipamentos (que vão para o ativo imobilizado). Esse registro independe do sucesso do empreendimento.[4]

Cabe ressaltar que em dezembro de 1977 o FASB emitiu o SFAS 19, intitulado Financial Accounting and Reporting for Oil and Gas Producing Companies, o qual recomendou que o método dos esforços bem-sucedidos fosse seguido.

Em dezembro de 1978, a SEC emitiu o Accounting Series Releases 257 e 258 com regras para os métodos dos esforços bem-sucedidos e custo total, respectivamente. As regras para o método dos esforços bem-sucedidos eram essencialmente as mesmas daquelas do SFAS 19. Sendo assim, seguindo a decisão da SEC de permitir que as companhias utilizassem tanto o *successfull efforts* como o *full cost,* o FASB, em fevereiro de 1979, emitiu o SFAS 25. O SFAS 25 fez o SFAS 19 preferível, mas não obrigatório (JENNINGS, FEITEN e BROCK, 2000, p. 59).

Desde então, as companhias devem usar o método dos esforços bem-sucedidos (definido no SFAS 19) ou o método do custo total (na Rule 4-10). A Regulation S-X Rule 4-10 é parte da hierarquia dos princípios contábeis geralmente aceitos e seu método de custo é o único padrão publicado para a full cost accounting (JENNINGS, FEITEN e BROCK, 2000, p. 60).

No método do custo total, os gastos incorridos na procura por reservas de petróleo, bem-sucedida ou não, são ativados. Ou seja, a ativação dos gastos incorridos na aquisição, exploração e desenvolvimento de reservas, independe do sucesso da perfuração (JOHNSON e RAMANAN, 1988, p. 97).

Na abordagem conforme o método dos esforços bem-sucedidos, somente os gastos das atividades que forem bem-sucedidas, ou seja, quando ocorrer a descoberta de reservas de óleo e gás, serão ativados. Os gastos das atividades mal-sucedidas tornar-se-ão despesas no período em que ficar claro que esses esforços não resultarão em produção de óleo e gás (GALLUN, STEVENSON e NICHOLS, 1993, p. 37).

A principal diferença entre o método do custo total e o método dos esforços bem-sucedidos refere-se aos gastos que não podem ser diretamente relacionados a descobertas de reservas específicas de óleo e gás. Em outras

---

[4] Para informações adicionais, recomenda-se a leitura de De Alencar (1998, p. 156).

palavras, a diferença básica entre esses dois métodos refere-se aos gastos de exploração que serão ativados como gastos de poços produtivos (BIERMAN Jr., DUKES e DYCKMAN, 1974, p. 58).

O exemplo apresentado a seguir demonstra, de uma maneira geral, a diferença entre os dois métodos:

Supondo que uma empresa perfurou cinco poços a um custo de R$ 1 milhão cada um deles, na esperança de encontrar pelo menos um poço explorável, contendo petróleo bruto com valor de mercado, menos gastos de exploração e venda de R$ 24 milhões. Pelo método dos esforços bem-sucedidos, a empresa creditaria caixa pelo valor de R$ 5 milhões, que foi o gasto incorrido para perfurar os cinco poços, sendo R$ 4 milhões (relativos aos quatro poços secos) como despesa e R$ 1 milhão como ativo (referente ao poço bem-sucedido, aquele que será explorado). Caso fosse pelo método do custo total, a contrapartida seria um débito dos R$ 5 milhões como o ativo que representaria todo o esforço de exploração.

3.1 O método dos esforços bem-sucedidos (*successful efforts accounting*)

O método dos esforços bem-sucedidos somente classifica como custo do ativo de óleo e gás os gastos das atividades que resultaram na descoberta de reservas de petróleo. Os gastos exploratórios de poços secos, geológicos e geofísicos em geral, bem como outros relativos a reservas não provadas são considerados despesas. De uma maneira geral, os gastos são amortizados no método das unidades produzidas com base nas reservas provadas.

Este método requer uma relação direta entre os gastos incorridos e as reservas para que estas sejam caracterizadas como ativos (SFAS 19 apud FASB, 1977, p. 42).

Nesse sentido, somente os gastos em exploração relacionados a perfurações bem-sucedidas são gastos que contribuirão na geração de receitas futuras. Desse modo, o método dos esforços bem-sucedidos faz um melhor confronto entre receitas e despesas, provendo, então, uma medida mais consistente dos rendimentos econômicos (BRYANT, 2003, p. 5).

A seguir, a Figura 3.1 apresenta um fluxograma que demonstra o método dos esforços bem-sucedidos para a contabilização das atividades de exploração e produção de petróleo e gás.

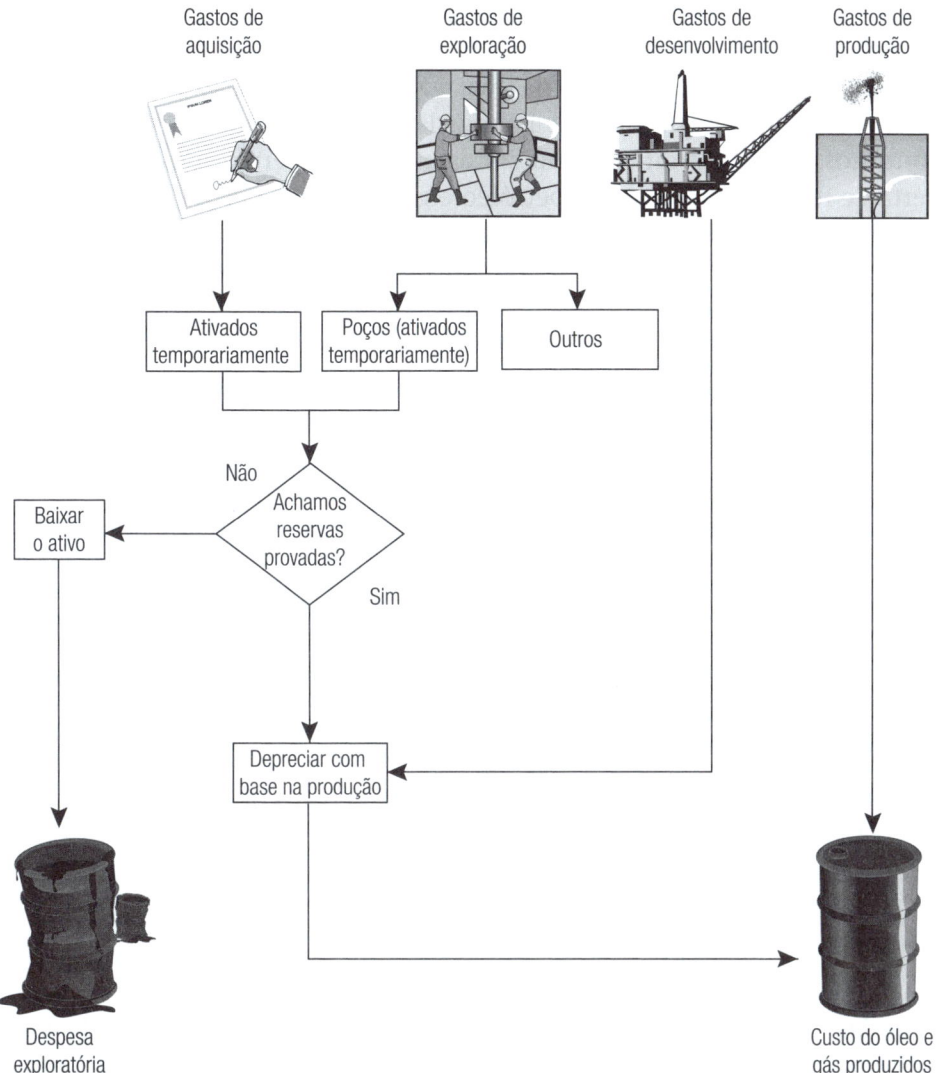

Figura 3.1 – Visão geral do método dos esforços bem-sucedidos.
Fonte: Adaptado de (GALLUN, STEVENSON e NICHOLS, 1993, p. 45).

3.1.1 Gastos de aquisição de propriedades não provadas

De maneira geral, os gastos de aquisição de propriedades não provadas, ou em outras palavras, dos direitos de conduzir as atividades de E&P, são inicialmente ativados.

Caso sejam encontradas reservas provadas, esses gastos serão reclassificados como gastos de propriedades provadas, para posterior amortização, conforme a produção de óleo e gás da propriedade. Caso contrário, esses valores serão baixados para despesa.

Dependendo da localização na qual a área de interesse exploratório se encontra, a empresa de petróleo será obrigada a celebrar um, ou, pelo menos dois contratos, que a permitam conduzir as atividades pertinentes para a descoberta de reservas provadas de petróleo e gás natural.

Nas áreas marítimas (*offshore*), basta celebrar o contrato com o governo local, caso, por exemplo, tenha vencido o processo licitatório (BID) para aquela área.

Nas áreas terrestres (*onshore*), além do contrato com o governo local, é preciso também a anuência do dono da superfície, necessitando desse modo, de mais um contrato que permita a condução das atividades necessárias à exploração.

Nos Estados Unidos, na maioria das vezes, o direito para explorar e produzir óleo e gás em terra é obtido por meio de um arrendamento (*mineral lease*). O contrato típico de arrendamento concede à companhia de petróleo os direitos de explorar, perfurar, pesquisar, colocar dutos, construir instalações para tratamento, armazenagem e produção de óleo e gás, dispor da água salgada, entre muitas outras atividades.

Os principais termos desses contratos serão listados a seguir, conforme Jennings, Feiten e Brock (2000, p. 129-130):

- *Lease bonus*: corresponde ao pagamento para o arrendador (o proprietário da terra) feito pelo arrendatário (a companhia de petróleo) em troca da concessão do arrendador com a finalidade de o arrendatário explorar a propriedade, perfurar poços e produzir óleo e gás;
- *Primary term*: é o período máximo de tempo permitido para o arrendatário iniciar a perfuração de um poço;
- *Delay rentals*: o pagamento do bônus e a assinatura do contrato de arrendamento mantêm o contrato em vigor por um ano. Se a perfuração não começar nesse período, o arrendamento poderá ser finalizado, a não ser que o arrendatário efetue um pagamento específico ao arrendador. Esse pagamento é chamado *delay rental*;
- *Royalty provisions* (*Royalties*): é a parcela da produção de óleo e gás que pertence ao arrendador da propriedade. O arrendador pode receber, livre de todos os gastos de produção, uma parte específica do óleo e do gás ou o valor dessa produção.

Normalmente o bônus de arrendamento é o custo de aquisição mais significativo. Sendo assim, os outros gastos de aquisição são relativamente insignificantes (GALLUN, STEVENSON e NICHOLS, 1993, p. 86).

No Brasil, temos como principal custo de aquisição de direitos exploratórios o bônus de assinatura, constante da Portaria n. 10/99, que corresponde ao valor ofertado à ANP pelo vencedor da licitação a fim de obter a concessão de exploração de petróleo ou gás natural.

Como citado anteriormente, o FASB (1977, p. 8), no parágrafo 15 do SFAS 19, determina que todos os gastos incorridos na aquisição de uma propriedade e/ou direitos de explorar óleo e gás devem ser ativados. Além disso, o bônus de arrendamento e o bônus de assinatura devem ser ativados como parte do custo da propriedade, uma vez que é possível considerá-los o investimento inicial do empreendimento de exploração e produção de petróleo.

Nessa linha, os gastos marginais na aquisição dos direitos exploratórios, tais como comissões de intermediação, registro, gastos legais etc, também devem ser ativados (GALLUN, STEVENSON e NICHOLS, 1993, p. 86). Jennings, Feiten e Brock (2000, p. 144) afirmam que, se tais quantias forem insignificantes, muitas companhias debitam esses gastos marginais para despesa no mesmo período em que são incorridos, levando-se em conta o critério da materialidade.

Ressalta-se que os *delay rentals* são considerados gastos de exploração, conforme o SFAS 19; porém as disposições contratuais desses pagamentos encontram-se discriminadas no contrato de arrendamento ou aquisição da propriedade.

A seguir, a Figura 3.2 apresenta um resumo, em forma de fluxograma, dos assuntos discutidos nesta seção.

3.1.2 Contabilização dos gastos de exploração

Conforme o método dos esforços bem-sucedidos, todos os gastos de exploração são despesas quando incorridos, exceto os gastos aplicados a poços exploratórios que resultam em descoberta de reservas provadas. Os gastos de perfuração de poços exploratórios, incluindo poços exploratórios de testes estratigráficos, são inicialmente ativados como "obras em andamento", até que se conheça o resultado do poço, momento no qual os gastos tornam-se despesas ou permanecem ativados (JENNINGS, FEITEN e BROCK, 2000, p. 109-110).

3.1.2.1 Gastos de geologia e geofísica

Os gastos de geologia e geofísica incluem todos os relacionados à condução dos estudos geológicos e geofísicos, e aqueles de direito de acesso às propriedades para conduzir esses estudos. Esses gastos são tratados como despesas quando incorridos, indiferentemente se isso ocorre antes ou depois da aquisição da propriedade (FASB, SFAS 19, 1977, p. 9).

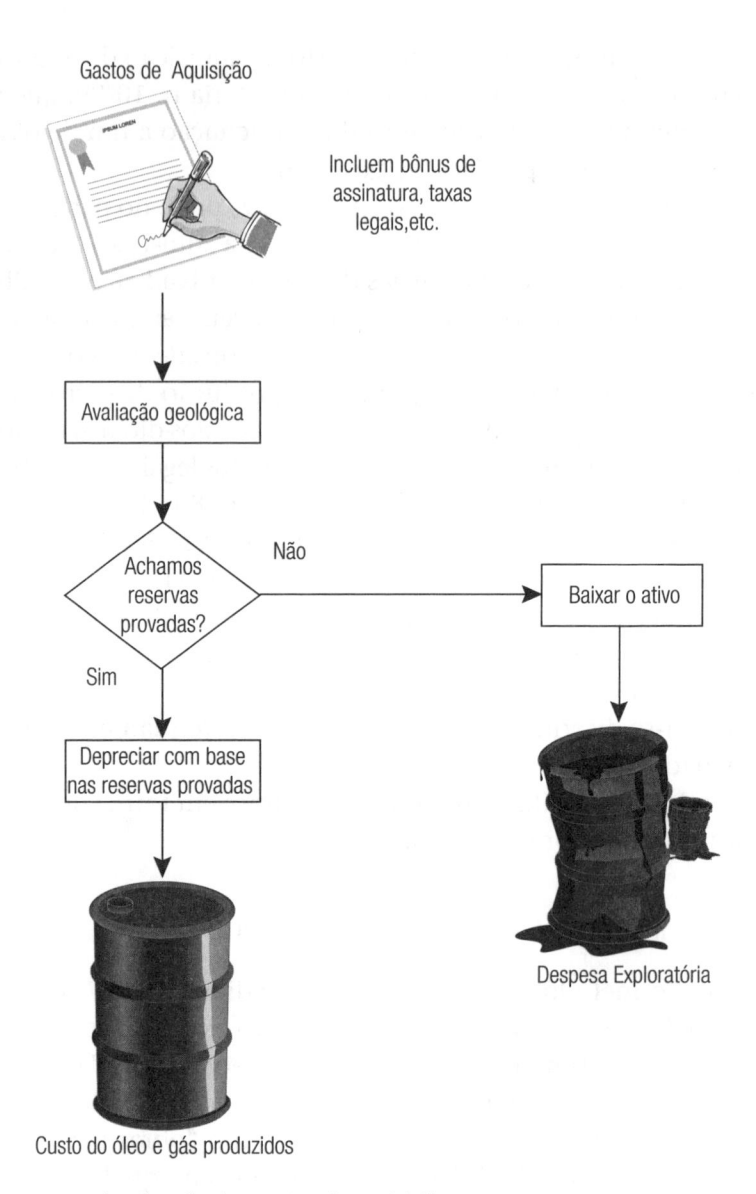

Figura 3.2 – Fluxograma de ativação dos gastos de aquisição.
Fonte: Adaptado de Gallun, Stevenson e Nichols (1993, p. 84-85).

No entendimento do FASB, esse tipo de gastos são similares a gastos de pesquisas, porque são incorridos para prover informações. No entanto, é muito difícil correlacionar os gastos de geologia e geofísica com descobertas específicas, as quais são feitas muitos meses ou anos depois. Tal correlação não pode ser efetuada claramente, no momento em que estes gastos são incorridos e as decisões contábeis são tomadas. (FASB, SFAS 19, 1977, p. 63)

O parágrafo 17 do SFAS 19 inclui, como gastos de exploração, os gastos com instalações e equipamentos de apoio diretamente relacionados a essa atividade (FASB, 1977, p. 8). São incluídos como gastos com instalações e equipamentos de apoio os equipamentos sísmicos, de perfuração, de construção entre outros, os depósitos e escritórios de campo, oficinas e veículos (FASB, 1977, p. 7).

A depreciação e/ou custo de operação desses equipamentos devem ser classificados como gastos de exploração, devendo ser tratados como despesas quando incorridos (GALLUN, STEVENSON e NICHOLS, 1993, p. 77).

Figura 3.3 – Broca de perfuração de um navio-sonda em operação.

Figura 3.4 – Navio-sonda NS-24 operando no campo de Marlim Sul na Bacia de Campos.

3.1.2.2 Gastos de retenção de propriedades não provadas

A SEC, através da Rules Oil 108/109, determina às companhias que utilizem o método dos esforços bem-sucedidos, debitar para despesa os gastos com *delay rentals*, impostos e outros gastos legais e escriturais que tenham a finalidade de manter o arrendamento ou concessão (apud JENNINGS, FEITEN e BROCK, 2000, p. 148).

No Brasil, podemos enquadrar a taxa de ocupação de área nessa situação, uma vez que se assemelha a um aluguel, com base na área da concessão, pago ao governo brasileiro. Como esses pagamentos são feitos durante o período em que são conduzidas as atividades exploratórias, tais gastos podem ser classificados como despesas exploratórias.

De acordo com o FASB, esses gastos são penalidades pelo atraso das atividades de perfuração e desenvolvimento, o qual, por sua vez, atrasa a potencial produção de óleo e gás. O Comitê afirma que esses gastos de retenção da propriedade não acarretam aumento dos benefícios futuros do campo, e por isso devem ser tratados como despesas quando incorridos (FASB, SFAS 19, 1977, p. 64).

3.1.2.3 Aquisição de dados sísmicos

Os gastos de aquisição de dados sísmicos são gastos de geologia e geofísica, porém, não são realizados pela empresa e, sim, adquiridos de terceiros. Uma empresa interessada em explorar determinada área pode adquirir de outra uma biblioteca de dados de geologia e geofísica. Essa biblioteca pode relatar sobre certa área específica de interesse ou pode ser uma biblioteca mais abrangente de informações sobre muitas áreas.

A aquisição de dados sísmicos tem uma atividade implícita que é o processamento desses dados, o que possui um valor significativo. Durante o processamento, os dados captados pelo equipamento sísmico (navio ou caminhão, dependendo da região – mar ou terra) são processados para que possam ser lidos pelos softwares da empresa de petróleo.

Em algumas situações, determinada empresa compra tais dados, porém, com tecnologia inferior à utilizada atualmente. Assim, há a necessidade de se reprocessar tais dados, procedimento conhecido como reprocessamento sísmico que consiste basicamente em atualizar um banco de dados de sísmica, visando obter mais e melhores informações da área.

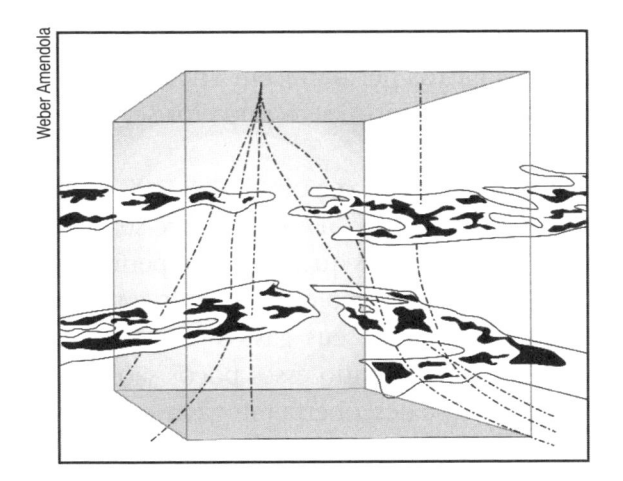

Figura 3.5 – Imagem de uma sísmica 3D.
Fonte: Adaptado de Jennings, Feiten e Brock (2000, p. 105).

3.1.2.4 Gastos de perfuração de poços exploratórios

A perfuração de poços exploratórios (incluindo os poços de testes estratigráficos tipo-exploratório) é considerada uma atividade de exploração.[5]

O FASB (1977, p. 9), através do SFAS 19, determina que os gastos de perfuração de poços exploratórios e de poços de testes estratigráficos tipo-exploratórios devem ser ativados como parte do custo de poços não completados do empreendimento, de equipamentos, e de instalações pendentes até que o poço encontre reservas provadas. Caso o poço encontre reservas provadas, os gastos ativados de perfuração do poço se tornarão parte dos gastos de poços, equipamentos e instalações relacionadas do empreendimento (até mesmo se o poço não puder ser completado como um poço de produção); entretanto, se o poço não tiver encontrado reservas provadas, os seus gastos de perfuração, líquidos de qualquer valor recuperável, devem ser transferidos para despesa.

Há uma notável diferença quanto ao tratamento contábil dos gastos de perfuração exploratória em relação aos gastos exploratórios descritos anteriormente, também denominados gastos exploratórios sem perfuração (*nondrilling exploration costs*). Nessas atividades de exploração sem a perfuração de poços, os gastos são tratados como despesas, quando incorridos, enquanto os

---

[5] Poços exploratórios são aqueles perfurados com o propósito de descobrir reservas de óleo e gás em áreas não provadas, encontrar uma nova reserva em um campo já descoberto ou delimitar uma reserva. Poços de testes estratigráficos tipo-exploratórios são aqueles perfurados para se obter informações sobre determinada condição geológica.

gastos de poços exploratórios em progresso são ativados. Se o poço descobrir reservas provadas, esses gastos permanecem ativados para serem amortizados posteriormente; caso contrário, se o poço for seco, os gastos serão lançados para despesa.

Não se trata de um conceito único, pois o FASB (1977, p. 45) cita alguns casos alternativos no parágrafo 116 do SFAS 19. Refere-se, por exemplo, aos gastos de poços de testes estratigráficos que, ao serem perfurados somente com a intenção de se obter informações geológicas, e não com a intenção de completá-los como poços produtores, seus gastos são carregados para despesa, quando incorridos. Contudo, quando esses poços são utilizados para se determinar a extensão da reserva descoberta tais gastos são ativados (até mesmo se os poços não forem utilizados para produção dessas reservas).

Jennings, Feiten e Brock (2000, p. 202-203) afirmam que o grande problema encontrado pelas companhias ao utilizar o método dos esforços bem-sucedidos é determinar por quanto tempo deve-se diferir os gastos aplicáveis a um poço exploratório que tenha sido perfurado, cujo resultado não pode ser averiguado imediatamente.

3.1.2.5 Diferimento dos gastos do poço exploratório

Há casos em que a perfuração de um poço exploratório descobre reservas de óleo e gás, porém, não é possível determinar imediatamente se a quantidade encontrada é economicamente viável de se produzir. Em outras palavras, não se sabe se o reservatório encontrado pode ser classificado como reserva provada. Para esses casos, o FASB emitiu o pronunciamento FASB STAFF POSITION – FSP19-1: accounting for suspended well costs (FASB, 2005), orientando que a manutenção desses gastos no ativo imobilizado pode ocorrer desde que as condições, a seguir, sejam cumpridas:

a) Poços exploratórios que encontram reservas de óleo e gás, em uma área que necessita de um dispêndio de capital antes que a produção possa começar (por exemplo, a construção de linhas de dutos). Esse dispêndio depende do fato de os poços exploratórios adicionais descobrirem uma quantidade suficiente de óleo e gás adicionais. Assim, os gastos dos poços exploratórios devem continuar sendo registrados como ativos tangíveis em andamento, até que reservas adicionais sejam encontradas de acordo com as seguintes condições:
- se uma quantidade suficiente de óleo e gás é encontrada por poços adicionais justificando, desse modo, sua classificação como poços produtores, e se o dispêndio de capital é feito (para a construção dos dutos de escoamento da produção, por exemplo); ou

- se a perfuração de poços exploratórios adicionais está em curso ou está firmemente planejada.
b. A manutenção da capitalização de poços exploratórios após a finalização da perfuração está condicionada ao fato de a reserva encontrada no campo ser suficiente para justificar sua finalização, tornando-o um campo produtivo, e ao fato de a empresa estar avaliando de modo progressivo as reservas e a viabilidade econômica e operacional do projeto.
c. Caso o critério anterior não seja atendido, ou existam dúvidas substanciais a respeito da viabilidade econômica e operacional do projeto, o gasto ativado do campo exploratório deve ser lançado no resultado, líquido de valores recuperáveis.

Os poços de testes estratigráficos tipo-exploratórios possuem um tratamento similar. Sendo assim, caso não se encontre no poço reservas comercialmente produtivas (reservas provadas), ou a perfuração adicional não esteja em curso ou planejada, os gastos devem ser debitados para despesa.

Para sintetizar os assuntos abordados nessa seção, a Figura 3.6 apresenta um fluxograma relacionado ao tratamento dos gastos das atividades de exploração de óleo e gás.

3.1.3 Gastos de desenvolvimento de poços

Conforme mencionado anteriormente, os gastos de desenvolvimento são aqueles incorridos para se prover acesso às reservas provadas, fornecer meios e facilidades para extração, tratamento, acúmulo e estocagem de óleo e gás. Os meios e facilidades compreendem todas as instalações e equipamentos necessários à extração.

A Regulation S-X, rule 4-10 (SEC, 1975, p. 30) define os gastos de desenvolvimento, como gastos incorridos para:

a. obter acesso às locações dos poços e prepará-las para a perfuração, incluindo inspeções com o propósito de determinar especificamente os locais de perfuração, ajuste do piso, drenagem, construção de vias e realocação de vias públicas, linhas de gás e força, até o ponto necessário ao desenvolvimento das reservas provadas;
b. perfurar e equipar os poços de desenvolvimento, de testes estratigráficos tipo-desenvolvimento e poços de serviços, incluindo os gastos de plataformas,

Gastos de Exploração

Dividem-se em duas categorias:
Tipo 1 – Aquisição e processamento de dados sísmicos e interpretação geológica e geofísica;
Tipo 2 – Perfuração de poços exploratórios.

Tipo 1
não-perfuratórios

Tipo 2
Perfuratórios

Ativados temporariamente

Achamos reservas provadas?

Não – "poço seco"

Despesa Exploratória

Sim – "poço bem-sucedido"

Somar a estes gastos, os gastos de equipamentos relacionados, e depreciar com base nas reservas provadas

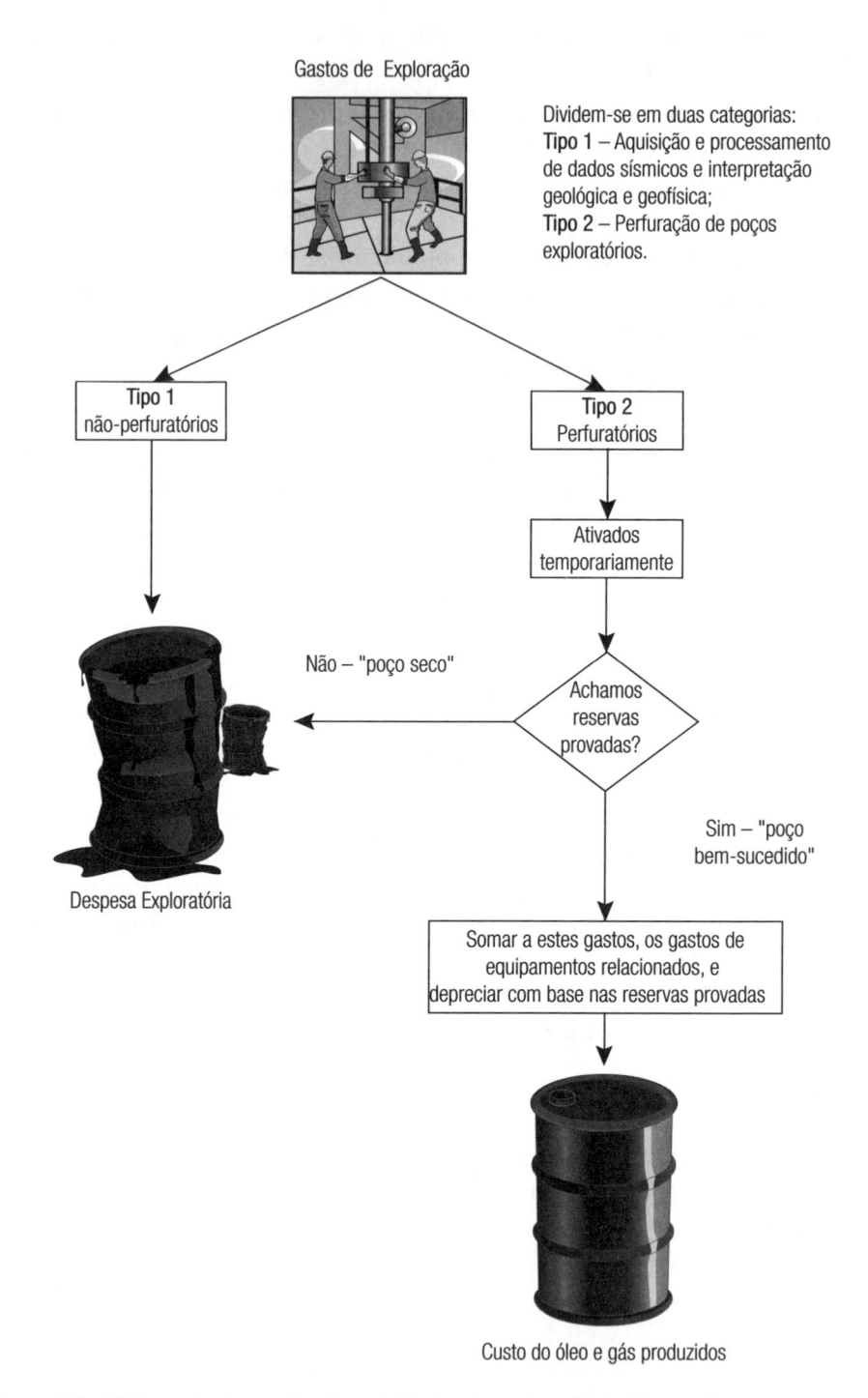

Custo do óleo e gás produzidos

Figura 3.6 – Tratamento dos gastos das atividades de exploração de óleo e gás.
Fonte: Adaptado de GALLUN, STEVENSON e NICHOLS (1993, p. 130).

de equipamentos e de poços, tais como revestimento, tubulação, equipamento de bombeio, e a montagem das válvulas na "cabeça do poço";[6]

c. adquirir, construir e preparar instalações de produção tais como linhas de fluxo, separadores, tratadores, aquecedores, *manifolds*,[7] dispositivos de medição, e tanques de estocagem de produção, plantas de processamento de gás natural e centrais de utilidades;

d. construção de sistemas de recuperação.[8]

A Figura 3.7 demonstra uma configuração básica para a localização dos poços produtores e de serviço.

Os poços de serviço localizados nas extremidades do reservatório injetam água ou gás no reservatório e "empurram" o óleo para o poço produtor, estimulando ou aumentando a sua vazão.

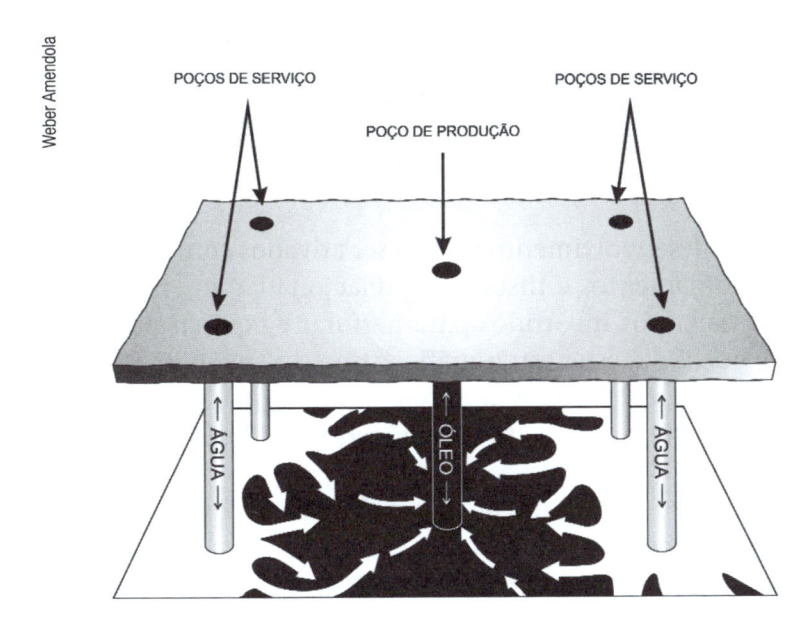

Figura 3.7 – Disposição dos poços produtores em um reservatório.
Fonte: Adaptado de Jennings, Feiten e Brock (2000, p. 775).

---

[6] Entende-se por cabeça do poço, o orifício propriamente dito, ou seja, o local onde se faz o contato entre o poço e a superfície do solo ou o fundo do oceano.
[7] São conjuntos de válvulas que recolhem e/ou transferem óleo, gás e outros fluidos de/para várias partes.
[8] São equipamentos e instalações com o propósito de obter uma produção maior do que aquela que se obteria caso apenas a energia natural do reservatório fosse utilizada. Incluem-se nos sistemas de recuperação os poços de serviços, ou seja, os poços onde são injetados fluidos para a manutenção, ou aumento, da pressão do reservatório.

Figura 3.8 – Navio de produção FPSO P-50 no campo de Albacora Leste na Bacia de Campos.

Os gastos de desenvolvimento devem ser ativados como parte dos gastos dos poços, equipamentos e instalações relacionadas ao empreendimento. Então, todos os gastos incorridos para perfurar e equipar poços de desenvolvimento, poços de testes estratigráficos tipo-desenvolvimento e poços de serviço são gastos de desenvolvimento e, desta forma, devem ser ativados, independentemente se o poço for classificado como bem-sucedido ou seco (FASB, SFAS 19, 1977, p. 10).

Contudo, como definir se um poço é exploratório, de desenvolvimento ou de teste estratigráfico?

Para Jennings, Feiten e Brock (2000, p. 210), as definições elaboradas no SFAS 19 e na Regulation S-X limitam os tipos de poços que podem ser considerados poços de desenvolvimento e exemplificam: poços perfurados para definir o perímetro de um reservatório são poços exploratórios, e não de desenvolvimento. Um poço perfurado para uma formação rochosa, a qual não foi encontrada reserva provada, deve ser classificado como um poço exploratório. No entanto, se o poço for perfurado em uma área provada e na profundidade de um horizonte estratigráfico conhecido[9] a ser produzido, ele poderá ser classificado como poço de desenvolvimento.

---

[9] Área da rocha de onde se pretende extrair óleo e gás.

Essa diferença de tratamento entre gastos de poços exploratórios malsucedidos e gastos de desenvolvimento de poços malsucedidos é fundamentada no SFAS 19, parágrafo 205 (FASB, 1977, p. 67):

[...] O propósito de um poço exploratório é procurar por óleo e gás. A existência de benefícios futuros não é conhecida até que o poço seja perfurado. Benefícios futuros dependem de se reservas provadas são encontradas. Um poço de desenvolvimento, por outro lado, é perfurado como parte do esforço para construir um sistema de produção de poços e equipamentos e instalações relacionadas. O propósito de um poço de desenvolvimento é de extrair reservas provadas de óleo e gás previamente descobertas. [...] A existência de benefícios futuros das reservas é visível no tempo em que o poço é perfurado.

No parágrafo 207, o FASB descreve, por razões similares, um tratamento semelhante ao mencionado anteriormente para os poços de testes estratigráficos tipo-desenvolvimento. É explicado que, por serem poços perfurados em áreas provadas, geralmente com o objetivo de avaliar melhor a quantidade de óleo e gás do reservatório ou de prover informação, como o melhor local para colocação da plataforma de produção, a existência de benefícios futuros é também visível. Sendo assim, seus gastos devem ser ativados como parte do desenvolvimento do sistema de produção.

A Figura 3.9 revela a diferença entre poços exploratórios e poços de desenvolvimento.

A seguir, a Figura 3.10 apresentará um resumo do tratamento dos gastos das atividades de desenvolvimento.

3.1.4 Gastos de produção

Conforme mencionado anteriormente, entende-se por produção: retirada, acúmulo, tratamento, processamento de campo e estocagem de campo do óleo e do gás (incluindo, além dos tanques de estocagem, os terminais marítimos e oleodutos).

São considerados custos de produção de óleo e gás, os gastos incorridos para operar e manter poços, como as instalações e equipamentos relacionados, incluindo depreciação e gastos operacionais de manutenção de equipamentos de suporte. Todos fazem parte do custo do óleo e gás produzidos.

São exemplos de custos de produção:

a. custo de mão de obra para operar os poços e as instalações e equipamentos relacionados;
b. reparos e manutenção;

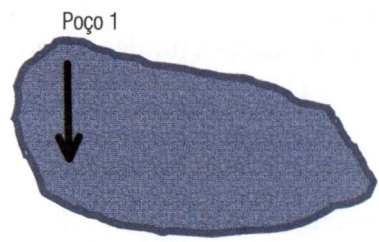

Poço 1
Toda a área azul é uma nova concessão, onde é perfurado em poço exploratório.

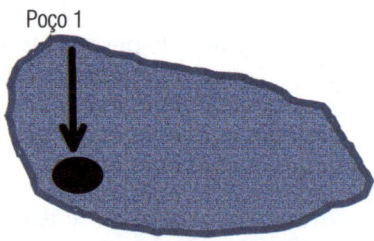

Poço 1
O poço 1 encontrou óleo. Sendo assim, a área deste poço é considerada provada e é representada em preto.

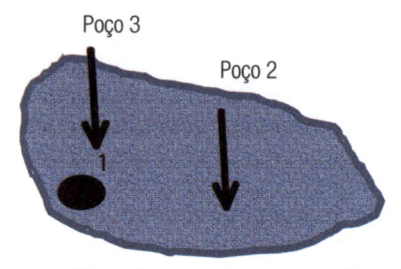

Poço 3 / Poço 2
São perfurados mais dois poços, 2 e 3. Estes poços são considerados exploratórios, pois, a área ainda é considerada não-provada

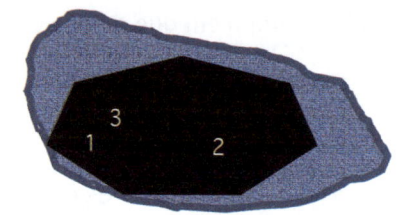

Os poços 2 e 3 também encontram óleo. Sendo assim, o limite do reservatório é delimitado e, toda a área negra é considerada como reserva provada.

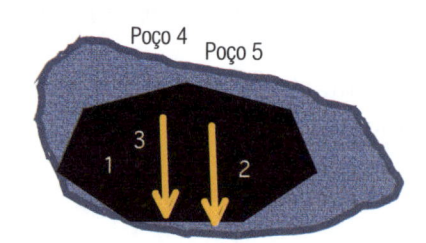

Poço 4 / Poço 5
Os poços 4 e 5 são considerados poços de desenvolvimento, pois se encontram em uma área provada.

Figura 3.9 – Poços exploratórios *versus* poços de desenvolvimento.
Fonte: Adaptado de Gallun, Stevenson e Nichols (1993, p. 35).

c. materiais, combustíveis consumidos e suprimentos utilizados na operação de poços e instalações e equipamentos essenciais;
d. impostos e seguros aplicáveis a propriedades provadas, bem como poços e instalações e equipamentos associados;
e. amortização/exaustão de reservas;
f. impostos de extração.

Gastos de Desenvolvimento

Incluem os gastos para obter acesso e preparar a locação dos poços, para perfurar e equipar os mesmos e, para prover instalações de produção e sistemas de recuperação.

Depreciar todos os gastos com base na produção (reservas provadas e desenvolvidas).

Custo do óleo e gás produzidos

Figura 3.10 – Tratamento dos gastos de desenvolvimento da propriedade de óleo e gás.
Fonte: Adaptado de GALLUN, STEVENSON e NICHOLS (1993, p. 137).

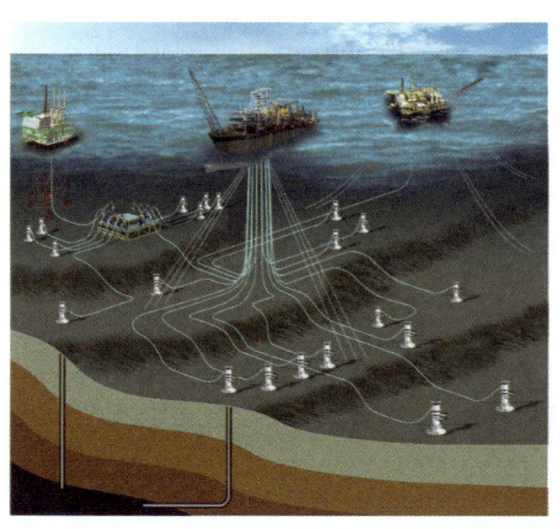

Figura 3.11 – Sistema de produção único, compreendendo plataforma fixa, navio de produção e estocagem e plataforma semisubmersível.

Nesse contexto, os *royalties* e a participação especial (já definidos na Seção 2.2.4) são considerados impostos de extração, pois incidem no total da produção de óleo e gás.

No SFAS 19 é mencionado que a depreciação e amortização dos gastos ativados de aquisição, exploração e desenvolvimento também fazem parte do custo do óleo e do gás, junto com os gastos de produção (FASB, 1977, p.10). Na *Regulation S-X, Rule 4-10*, esta afirmativa é corroborada, porém, deixa claro que estes gastos de depreciação/amortização não recebem a nomenclatura de custos de produção (SEC, 1975, p. 30).

Os custos de produção dividem-se em diretos e indiretos. Os custos diretos são aqueles que podem ser relacionados à produção de óleo e gás em propriedades minerais específicas, como por exemplo, em nível de concessão, arrendamento, campo ou poço (JENNINGS, FEITEN e BROCK, 2000, p. 384).

Os custos indiretos são aqueles que não estão relacionados à produção de óleo e gás em uma propriedade mineral específica, não sendo controláveis no mesmo nível que os custos diretos (JENNINGS, FEITEN e BROCK, 2000, p. 387).

Esses gastos são acumulados e, então, alocados ao poço, arrendamento, concessão etc., com base em um critério razoável, geralmente o volume de produção.

São exemplos de custos diretos: salários e benefícios de empregados, contratos de serviços, manutenção e retrabalho (*workover*) em poços, reparos e manutenção de equipamentos de superfície e impostos que incidem sobre a produção. São exemplos de custos indiretos: depreciação de instalações de apoio, gastos com sistemas de coleta de óleo e gás, transporte de equipamentos, energia elétrica e etc.

Gallun, Stevenson e Nichols (1993, p. 261) listam os principais custos diretos de produção de óleo e gás:

a. Mão de obra: esse custo, para operar poços e equipamentos relacionados, inclui salários e benefícios dos empregados e supervisores que trabalham diretamente nas propriedades ou poços produtores de óleo e gás. Caso esses funcionários trabalhem em mais de um campo ou poço, um rateio dos gastos de mão de obra pode ser feito com base nas horas trabalhadas.
b. Operações de retrabalho (*workover operations*[10]): as intervenções em poços recebem essa denominação, e podem ter a finalidade de restaurar a pro-

---

[10] Ao longo da vida produtiva dos poços, geralmente são necessárias outras intervenções posteriores à completação, designadas genericamente de *workover*, com o objetivo de manter a produção ou eventualmente melhorar a produtividade. Em geral, essas intervenções visam corrigir falhas mecânicas na coluna de produção ou revestimento, restrições que ocasionam a redução da produtividade, produção excessiva de gás e/ou água e produção de areia. (THOMAS, 2001, p. 163).

dução inicial do poço, que se encontra abaixo do que efetivamente pode produzir por diversas razões: falhas em equipamentos, problemas no revestimento do poço, entupimento do poço etc. Algumas intervenções podem ter o objetivo de iniciar a produção em outro horizonte do reservatório (no mesmo poço), seja a operação em uma profundidade maior ou menor. Neste último caso, a operação recebe o nome de recompletação. Caso os gastos de retrabalho sejam incorridos com o propósito de estimular ou restaurar (incrementar) a produção de óleo e gás no mesmo horizonte produtor, estes devem ser tratados como custos diretos de produção decorrente do fato de serem facilmente identificáveis com um poço em particular (GALLUN, STEVENSON e NICHOLS, 1993, p. 262-263).

No entanto, se os gastos forem incorridos em operações com o objetivo de garantir a produção do poço, as quais exigem o aprofundamento do poço para outro patamar ou a produção em um patamar menos profundo (recompletação), são tratados como gastos de perfuração. Se a perfuração mais profunda ou a recompletação envolvem reservas comprovadas àquele horizonte, esses gastos são de desenvolvimento e devem ser ativados. Os esforços para garantir a produção em um horizonte ainda não comprovado devem ser tratados como gastos de perfuração exploratória (JENNINGS, FEITEN e BROCK, 2000, p. 385-386).

c. Reparos e manutenção de equipamentos de superfície: os gastos com reparos e manutenções são considerados custos de produção, a menos que a vida útil, ou a produtividade do ativo, seja incrementada substancialmente. Neste último caso, tais gastos devem ser ativados e depreciados com base na produção da reserva provada desenvolvida. São exemplos de gastos de reparos e manutenções os incorridos em linhas de escoamento, tratadores, tanques, máquinas, instalações e outros equipamentos de produção de superfície.

d. Materiais, suprimentos e combustíveis: os gastos de materiais e suprimentos são incorridos, rotineiramente, em manutenções e reparos de poços, enquanto os combustíveis são utilizados nas máquinas que trabalham nos poços ou na propriedade mineral. Estes gastos são custos diretos de produção, pois podem ser identificados com a propriedade mineral ou poço em particular.

e. Impostos de produção: geralmente, estes impostos são baseados no volume produzido de óleo e gás. No Brasil, por exemplo, temos os *royalties* e a participação especial. Sendo assim, podem ser considerados custos diretos de produção.

Conforme Jennings, Feiten e Brock (2000, p. 387) os principais custos indiretos de produção são:

a. Custos de operação e depreciação: a porção dos gastos com operação e depreciação de equipamentos e instalações de suporte alocados nas atividades de produção são custos de produção, quando incorridos. A depreciação desses bens em geral não é calculada com base no método das unidades produzidas, desde que não estejam sendo utilizados na produção de reservas específicas; utiliza-se, então, o método da linha reta, pois a vida útil dessas instalações pode ser significativamente diferente da vida do reservatório. Muitas vezes, essas instalações e equipamentos servem a mais de um poço ou campo produtor. Nestes casos, os gastos com operação e depreciação desses bens são tratados como custos indiretos de produção e rateados com base na produção.

b. Descarte de água salgada: a água salgada é um resíduo que deve ser descartado de uma maneira ambientalmente segura. Em geral, é coletada e reinjetada novamente em uma formação rochosa abaixo da superfície. Se apenas uma propriedade for servida por um sistema de coleta de água salgada, os custos podem ser tratados como diretos. Contudo, se o sistema de coleta servir a mais de uma propriedade, o que é mais comum nas operações realizadas em terra, devem ser determinados meios de alocação desses gastos.

c. Gastos gerais (*overhead*): os gastos gerais, como os gastos administrativos, que não puderem ser relacionados diretamente às atividades de produção de óleo e gás, são alocados a poços ou propriedades comprovadas por meio de rateio.

3.1.5 A amortização conforme o método dos esforços bem-sucedidos

Os gastos ativados de propriedades provadas são contabilizados como depreciação ou depleção[11] e amortização à medida que as reservas provadas de óleo e gás, às quais eles se relacionam, são produzidas (JENNINGS, FEITEN e BROCK, 2000, p. 411).

Os gastos de aquisição de propriedades provadas (na verdade, dos direitos exploratórios), os poços em propriedades provadas e gastos de desenvolvimento

---

[11] Dá-se o nome de depleção à amortização dos gastos de aquisição de propriedades (reservas) de óleo e gás. No entanto, usualmente, a amortização dos gastos de materiais e equipamentos que estão intimamente ligados ao poço (exemplo, revestimentos, BOP's – conjunto de válvulas que permitem fechar o poço etc.) também recebe o nome de depleção.

serão amortizados com base nas unidades produzidas, à medida que essas reservas forem produzidas.

Os gastos com a aquisição dos direitos exploratórios são amortizados sobre o total de reservas provadas. Porém, os gastos de poços e de instalações e equipamentos relacionados são depreciados sobre a vida das reservas provadas desenvolvidas, que podem ser produzidas pelos ativos representados por aqueles gastos ativados. Se uma propriedade é completamente desenvolvida, as reservas provadas e as reservas provadas desenvolvidas devem ser as mesmas. Entretanto, se uma propriedade só é desenvolvida parcialmente, as reservas provadas desenvolvidas serão apenas uma parte do total das reservas provadas.

Essa amortização (depleção e/ou depreciação) pode ser calculada para cada reserva individualmente, porém, dependendo da materialidade dos valores, pode-se agregar reservas com base em uma característica geológica comum (JENNINGS, FEITEN e BROCK, 2000, p. 411).

As taxas de unidade de produção devem ser revisadas sempre que necessário, contudo, o SFAS 19 determina que estas devem ser revisadas, pelo menos, uma vez ao ano (FASB, 1977, p. 12). Na verdade, as taxas utilizadas na amortização/depreciação desses gastos são revisadas com as estimativas de reservas, pois, logicamente, estão muito ligadas.

3.1.5.1 Amortização dos gastos de propriedades provadas

Os tipos de gastos que compõem a conta de propriedades provadas são os gastos de aquisição dos direitos exploratórios (por exemplo, bônus de arrendamento e de assinatura), líquidos da deterioração (*impairment*) e os gastos de poços, equipamentos e instalações relacionadas que incluem os gastos de desenvolvimento e os gastos exploratórios bem-sucedidos. Ressalta-se que são incluídos somente os gastos das operações que foram completadas; os gastos de poços em andamento não estão incluídos nessa rubrica.

Em relação a reclassificação das propriedades, de não provadas para provadas, o SFAS 19, no parágrafo 28, estabelece que, periodicamente, as propriedades não provadas devam passar por uma avaliação para determinar se houve deterioração de seu valor. Um poço seco que tenha sido perfurado em uma propriedade, sem quaisquer planos de se realizar outras perfurações, é um exemplo de ativo que sofreu deterioração. Caso o resultado da avaliação indique uma deterioração do ativo, uma perda deve ser reconhecida em contrapartida a uma conta redutora do valor do ativo que está sofrendo a deterioração.[12]

Quando forem encontradas reservas de óleo e gás, os gastos de aquisição das propriedades não provadas devem ser reclassificados como propriedades provadas. Isso se aplica também a uma reserva (propriedade) pertencente a um campo vasto (ou concessão). Neste caso, haverá apenas uma reclassificação parcial. Para propriedades que tenham sofrido deterioração (*impairment*), somente o líquido entre os gastos de aquisição e a perda por deterioração deve ser reclassificado.

Esse tipo de classificação é uma sugestão do FASB. No Brasil, utilizam-se outros critérios, por exemplo, contas com nome de "gastos exploratórios" e "gastos com desenvolvimento da produção". Mesmo com a descoberta de reservas e posterior produção, os gastos permanecerão nessas contas e serão depreciados, não sendo reclassificados para contas com outras denominações.

Os gastos de aquisição de propriedades provadas e os gastos de poços, equipamentos e instalações relacionadas (gastos de exploração bem-sucedidas e de desenvolvimento) são amortizados, tornando-se parte do custo do óleo e do gás produzidos. Os gastos de aquisição são amortizados sobre o total das reservas provadas, enquanto os gastos de poços, equipamentos e instalações relacionadas são amortizados somente sobre as reservas provadas e desenvolvidas. As reservas provadas e desenvolvidas são reservas que serão produzidas pelos poços e equipamentos existentes.

As reservas provadas e desenvolvidas, por definição, são as reservas que serão produzidas como resultado dos gastos já incorridos para os equipamentos e poços completados. As reservas provadas remanescentes, isto é, as reservas provadas não desenvolvidas, são excluídas da amortização dos poços, equipamentos e instalações relacionadas porque essas reservas serão produzidas somente se incorrermos em gastos futuros adicionais (GALLUN, STEVENSON e NICHOLS, 1993, p. 166).

A afirmação anterior é corroborada pela Rule Oil 126, da SEC, que informa (apud JENNINGS, FEITEN e BROCK, 2000, p. 417):

> Os gastos ativados de poços exploratórios e poços de teste estratigráfico tipo-exploratório que tenham encontrado reservas provadas e gastos ativados de desenvolvimento devem ser amortizados (depreciados) pelo método das unidades pro-

---

[12] Para maiores informações a respeito de *impairment* de ativos, consultar: Statements of Financial Accounting Standards (SFAS) n. 121 – Accounting for the impairment of long-lived assets and for long-lived assets to be disposed of, e SFAS n. 144 – Accounting for the impairment or disposal of long-lived assets.

duzidas [...] com base no total estimado de reservas provadas desenvolvidas, e não com base em todas as reservas provadas, que são a base para amortizar os gastos de aquisição de propriedades provadas.

Gallun, Stevenson e Nichols (1993, p. 166) apresentam duas fórmulas para o cálculo da amortização dos gastos de aquisição e de poços, equipamentos e instalações relacionadas às propriedades provadas. São elas:

Fórmula das unidades produzidas

$$\frac{\text{valor contábil ao fim do ano}}{\text{reservas estimadas no início do ano}} \times \text{produção no ano}$$

Fórmula equivalente

$$\frac{\text{produção no ano}}{\text{reservas estimadas no início do ano}} \times \text{valor contábil ao fim do ano}$$

Será apresentado, a seguir, um exemplo do cálculo da taxa de amortização dos gastos de propriedades provadas, adaptado de Gallun, Stevenson e Nichols (1993, p. 168-169):

Uma companhia de petróleo perfurou seu primeiro poço bem-sucedido, em uma concessão denominada "Concessão XYZ", em dezembro de 2001. Em dezembro de 2007, a companhia iniciou a produção dessa concessão. Os dados a partir de dezembro de 2008 são os seguintes:

Custo de aquisição da propriedade provada	R$ 200.000.000,00
Gastos de desenvolvimento (poços e equipamentos e instalações relacionadas)	R$ 1.500.000.000,00
Produção durante 2008	5.000.000 bbl
Total estimado de reservas provadas (dez./08)	190.000.000 bbl
Total estimado de reservas provadas e desenvolvidas (que se espera extrair)	80.000.000 bbl

Cálculo da depreciação/amortização:

a) Primeiro, determina-se as reservas a partir do início do ano:

Reservas provadas (bbl):

Reservas provadas estimadas – fim do ano (dez./08)	190.000.000
(+) Produção no ano	5.000.000
(=) Reservas provadas estimadas no início do ano (jan./08)	195.000.000

Reservas provadas e desenvolvidas (bbl):

Reservas provadas e desenvolvidas estimadas – final do ano (dez./08)	80.000.000
(+) Produção no ano	5.000.000
(=) Reservas provadas e desenvolvidas, estimadas no início do ano (jan./08)	85.000.000

b) Segundo, faz-se o cálculo da taxa de amortização/depreciação:

Para o arrendamento (propriedade provada):

$$\frac{\text{produção no ano}}{\text{reservas provadas estimadas no início do ano}} = 5.000.000/195.000.000 = 2,6\%$$

Para os gastos de desenvolvimento (poços e equipamentos e instalações relacionadas):

$$\frac{\text{produção no ano}}{\text{reservas provadas estimadas no início do ano}} = 5.000.000/85.000.000 = 6\%$$

c) Terceiro, multiplica-se os gastos no fim do ano (valor contábil) pela taxa de amortização/depreciação:

Propriedade provada	
Gastos de aquisição	R$ 200.000.000,00
(x) Taxa de amortização/depreciação	2,6%
(=) Despesa de amortização (depleção) da propriedade	R$ 5.200.000,00
Gastos de poços e equipamentos e instalações relacionadas (desenvolvimento)	
Valor total	R$ 1.500.000.000,00
(x) Taxa de amortização	6%
(=) Despesa de amortização (depreciação/depleção) dos equipamentos	R$ 90.000.000,00
TOTAL (despesa de amortização/depreciação)	R$ 95.200.000,00
Contabilização	
D – Despesa de amortização/depreciação/depleção	95.200.000,00
C – Amortização acumulada – propriedades provadas	5.200.000,00
C – Amortização acumulada – poços	90.000.000,00

3.1.5.2 Depreciação de equipamentos e instalações de apoio

Instalações de apoio, como armazéns, edificações e equipamentos, tais como estações de coleta e tanques de armazenagem de óleo e gás, servem, com frequência, a mais de uma atividade (aquisição, exploração, desenvolvimento e produção) e/ou um campo (propriedade) produtor. Desse modo, o método das unidades de produção pode não ser o mais apropriado para depreciá-los, deve-se utilizar o método linear (JENNINGS, FEITEN e BROCK, 2000, p. 428).

Geralmente as reservas contêm óleo e gás, que são produzidos conjuntamente. Assim, as reservas de óleo e gás produzidas devem ser convertidas a uma unidade de medida comum, de acordo com o conteúdo de energia relativa, medido em BTU (British Termal Unit).

Muitas companhias utilizam uma aproximação geral em que um barril de óleo contém seis vezes mais energia que mil pés cúbicos de gás (GALLUN,

STEVENSON e NICHOLS, 1993, p. 172). Entretanto, se é esperado que a proporção relativa de óleo e gás extraídos do reservatório no período corrente permaneça a mesma, logo, a amortização pode ser calculada com base em qualquer um dos dois minerais. Mas, se o óleo ou o gás dominam claramente as reservas e a produção corrente (com a dominância determinada pelo conteúdo de energia relativa – BTU), a amortização pelo método das unidades produzidas deve ser calculada apenas com base no mineral dominante.

A seguir, é apresentado um exemplo de cálculo da taxa de amortização para uma propriedade completamente desenvolvida que produz de modo conjunto óleo e gás. E, por fim, a Figura 3.12 resume o método dos esforços bem-sucedidos para a contabilização dos gastos incorridos nas atividades de exploração e produção de óleo e gás.

Gastos ativados:	R$ 5.000.000.000,00
Amortização acumulada	R$ 250.000.000,00
Reservas estimadas de óleo no fim do período	1.500.000 bbl
Reservas estimadas de gás no fim do período	3.500.000 mcf
Produção de óleo no período	300.000 bbl
Produção de gás no período	500.000 mcf

a) Convertendo o volume de gás em barris equivalentes de óleo:

Reservas, fim do período	
Óleo (1.500.000 × 1)	1.500.000 boe
Gás (3.500.000 / 6)	583.333 boe
Total de barris equivalentes no fim do período	2.083.333 boe
Produção no período	
Óleo (300.000 × 1)	300.000 boe
Gás (500.000 / 6)	8.333 boe
Total de barris equivalentes produzidos	308.333 boe
Total de barris equivalentes no início do período	2.391.666 boe

b) Calculando o valor da amortização/depreciação:

$$\frac{308.333 \text{ boe}}{2.391.666 \text{ boe}} \times (\$ 4.750.000.000 - \$ 250.000.000) = \$ 612.368.847,00$$

46 Contabilidade de petróleo e gás

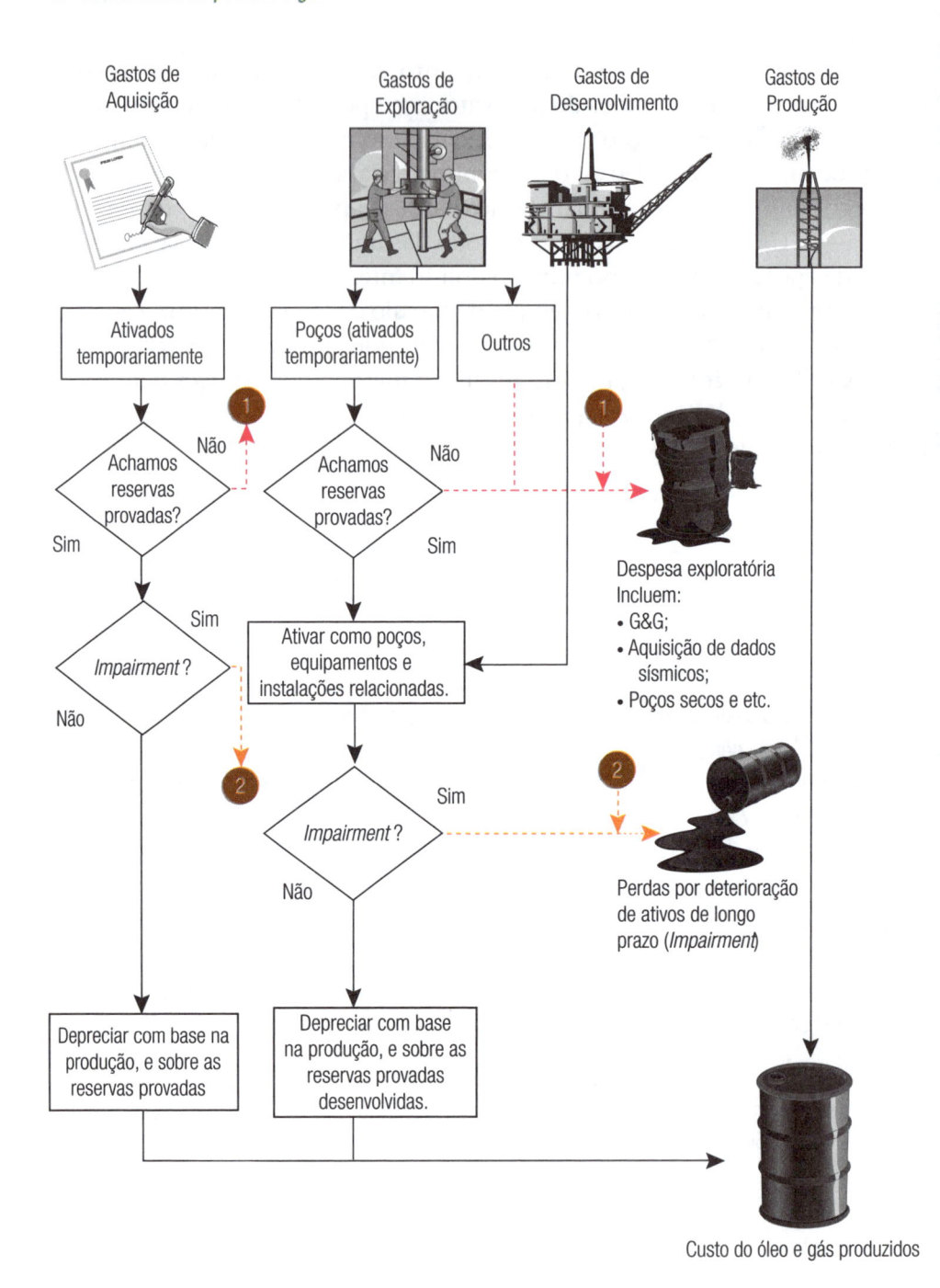

Figura 3.12 – Fluxograma do método dos esforços bem-sucedidos.
Fonte: Adaptado de JENNINGS, FEITEN e BROCK (2000, p. 62).

3.1.6 Resumo do método dos esforços bem-sucedidos

O método dos esforços bem-sucedidos (*successful efforts accounting*) ativa somente os gastos das atividades de exploração e produção de óleo e gás, que resultaram em descoberta de reservas provadas. De acordo com este método, é necessária uma relação direta entre os gastos incorridos e as reservas para que estas sejam consideradas ativas.

Nesse sentido, os gastos de aquisição de direitos exploratórios são ativados, e os gastos das atividades exploratórias não perfuratórias (sísmica, interpretação geológica etc.) são tratados como despesas. As atividades de exploração perfuratória têm seus gastos diferidos até que o resultado final indique a descoberta de uma reserva. Desse modo, os gastos permanecem ativados ou, em contraposição, é declarado um poço seco (situação em que seus gastos são levados para despesa). Os gastos de desenvolvimento de poços são sempre ativados e os gastos de produção de óleo e gás são tratados como despesas no período em que são incorridos (quando toda a produção de óleo e gás é vendida, ou seja, os gastos tornam-se Custos dos Produtos Vendidos – CPV). Os gastos de exploração bem-sucedidos, de desenvolvimento e de produção fazem parte do custo do óleo e do gás produzidos.

A amortização, conforme esse conceito, utiliza o método das unidades produzidas. Os gastos de aquisição de propriedades provadas são depletados (exauridos) com base na produção das reservas provadas. Os gastos de poços e equipamentos e instalações relacionadas (soma dos gastos de exploração e de desenvolvimento) são amortizados (depletados/depreciados) também com base na produção, mas das reservas provadas e desenvolvidas.

3.1.7 Exercícios de fixação – Método dos esforços bem-sucedidos

1. Com os itens listados a seguir, incorridos em 2009, prepare uma DRE e um Balanço Patrimonial (parcial) de acordo com o método dos esforços bem-sucedidos.

Gastos de aquisição	$ 30.000
Gastos de geologia e geofísica	$ 80.000
Poços exploratórios malsucedidos	$ 1.500.000
Poços exploratórios bem-sucedidos	$ 350.000
Poços de desenvolvimento (secos)	$ 200.000
Poços de desenvolvimento (bem-sucedidos)	$ 475.000
Gastos de aquisição de instalações de produção	$ 250.000
Gastos de produção	$ 60.000
Depleção do período	$ 55.000

Depleção acumulada $ 150.000
Receita da venda de óleo/gás $ 225.000

2. Indique se os seguintes gastos devem ser despesas (D) ou ativados (A) conforme o método *successful efforts*:

	D	A
Gastos de aquisição		
Gastos de Geologia e Geofísica (G&G)		
Poços exploratórios secos		
Poços exploratórios bem-sucedidos		
Poços de desenvolvimento secos		
Poços de desenvolvimento bem-sucedidos		
Gastos de produção		
Aquisição de dados sísmicos		

3. Qual tratamento contábil é dado, segundo o método dos esforços bem-sucedidos, para os gastos a seguir: aquisição, exploração, desenvolvimento e produção?

4. Quando um poço é perfurado para delinear o perímetro de um reservatório, este é considerado um poço exploratório ou de desenvolvimento?

5. A Cia. Olho Seco, uma empresa que segue o *successful efforts*, perfura um poço exploratório *offshore* a um custo de $ 1 milhão. Constatou-se que o poço é seco, mas a empresa percebeu que os dados de G&G eram promissores e perfurou um outro poço perto do primeiro. Deve o custo do primeiro poço ser capitalizado ou tratado como despesa?

6. A Grande Sertão Cia. de Petróleo concordou em conduzir estudos geológicos e geofísicos e outras atividades de exploração para a Young Oil Company em troca de participação na propriedade se reservas provadas forem encontradas. Se não forem encontradas reservas provadas, a Grande Sertão será reembolsada pelos gastos incorridos, que montam $ 200.000. Descreva os registros contábeis para as seguintes situações:
a) Se reservas provadas forem encontradas.
b) Se reservas provadas não forem encontradas.

7. Um poço de teste estratigráfico tipo-exploratório foi perfurado em uma reservada provada *offshore*. Entretanto, foi decidido que uma plataforma permanente ficará localizada em uma posição diferente. Como deverá ser registrado o gasto deste poço (capitalizado/ativado ou levado ao resultado)?

8. O Grupo "Participações Especiais Oil Company" perfurou um poço exploratório em uma área remota onde encontrou reserva mas não o suficiente para justificar a construção de um duto necessário. A companhia não tem planos de perfurar qualquer poço exploratório adicional neste momento. Sendo assim, como devem ser registrados estes gastos na contabilidade do Grupo "Participações Especiais Oil Company"?

9. A *Brazilian Oil Company* calcula a depleção por campo. Os dados do balanço patrimonial em 31/12/2008 são os seguintes:

Propriedades não provadas	$ 300.000
Propriedades provadas	$ 800.000
(Depleção acumulada)	($ 100.000)
Valor líquido	$ 700.000
Poços e equipamentos relacionados	$ 5.000.000
(Depleção acumulada)	($ 1.500.000)
Valor líquido	$ 3.500.000

Durante 2009, a companhia realizou as seguintes operações:

Aquisição de propriedades não provadas	$ 55.000
Pagamento de *delay rentals* para prop. não provadas	$ 15.000
Aquisição de dados sísmicos para prop. não provadas	$ 30.000
Perfuração de poço exploratório seco	$ 280.000
Perfuração de poço exploratório bem-sucedido	$ 450.000
Perfuração de poço de desenvolvimento seco	$ 350.000
Poço de serviço	$ 150.000
Tanques, separadores etc. (instalados)	$ 340.000
Perfuração de poço de desenvolvimento (em andamento)	$ 150.000

	Óleo (bbl)	Gás (mcf)
Produção	200.000	700.000
Reservas provadas, 31/12/2009	1.200.000	5.200.000
Reservas provadas e desenvolvidas	800.000	3.700.000

Utilizando a medida barris de óleo equivalente (boe), calcule a depleção para 2009.

10. A September Oil & Gás Company possui as seguintes informações e saldos em contas nos balanços de 2008 e 2009:

	31/12/2008	31/12/2009
Custo de propriedades provadas	$ 50.000	$ 50.000
Depleção acumulada	($ 5.000)	?
Poços/Equipamentos relacionados	$ 600.000	$ 800.000
Depleção acumulada	($ 80.000)	?

		2008	2009
Reservas provadas (31/12)	Óleo	40.000 bbl	60.000 bbl
	Gás	550.000 mcf	600.000 mcf
Reservas provadas não desenv. (31/12)	Óleo	30.000 bbl	42.000 bbl
	Gás	300.000 mcf	150.000 mcf
Produção durante o ano	Óleo	8.000 bbl	10.000 bbl
	Gás	60.000 mcf	80.000 mcf

Calcule a depleção acumulada para 2009 usando:
(a) A unidade de medida comum equivalente a mcf;
(b) Considerando o gás como mineral dominante.

3.2 O método do custo total (*full cost accounting*)

De acordo com este conceito, todos os gastos incorridos na aquisição, exploração e desenvolvimento de propriedades provadas são ativados e amortizados conforme a produção dessas reservas (JENNINGS, FEITEN e BROCK, 2000, p. 451).

Segundo Bryant (2003, p. 9), tanto as perfurações bem-sucedidas como as malsucedidas contribuem para a descoberta de reservas, dessa maneira, os gastos relacionados a perfurações malsucedidas são parte do custo para se descobrir reservas. Por meio do método de custo total, o valor contábil mede apropriadamente todos os gastos de exploração, provendo uma medida mais consistente dos benefícios econômicos futuros.

Seguindo esse raciocínio, os gastos, sejam eles bem ou malsucedidos, devem ser ativados e amortizados sobre a produção como parte do custo do óleo e do gás. Sendo assim, relacionar diretamente gastos incorridos com reservas específicas não é relevante para o método do custo total (GALLUN, STEVENSON e NICHOLS, 1993, p. 209).

Diferente de outras indústrias, os ativos principais das companhias de petróleo não são a propriedade, as plantas e os equipamentos, mas o óleo e o gás no subsolo. O método do custo total baseia-se no fato de que os gastos malsucedidos são uma necessidade e inevitável, parte da descoberta desses ativos (GALLUN, STEVENSON e NICHOLS, 1993, p. 209).

A Regulation S-X, Rule 4-10 determina que todos os gastos associados com as atividades de aquisição, exploração e desenvolvimento devem ser ativados dentro de um centro de custo apropriado, incluindo os gastos administrativos (*overhead*) diretamente relacionados a essas atividades. Complementando, todos os gastos relacionados às atividades de produção, incluindo os gastos de retrabalho (*workover*) incorridos somente para manter ou incrementar os níveis de produção de um horizonte produtor existente, devem ser tratados como custo de produção quando incorridos (SEC, 1975, p. 31-32).

A Figura 3.13 exibe uma visão geral do método do custo total.

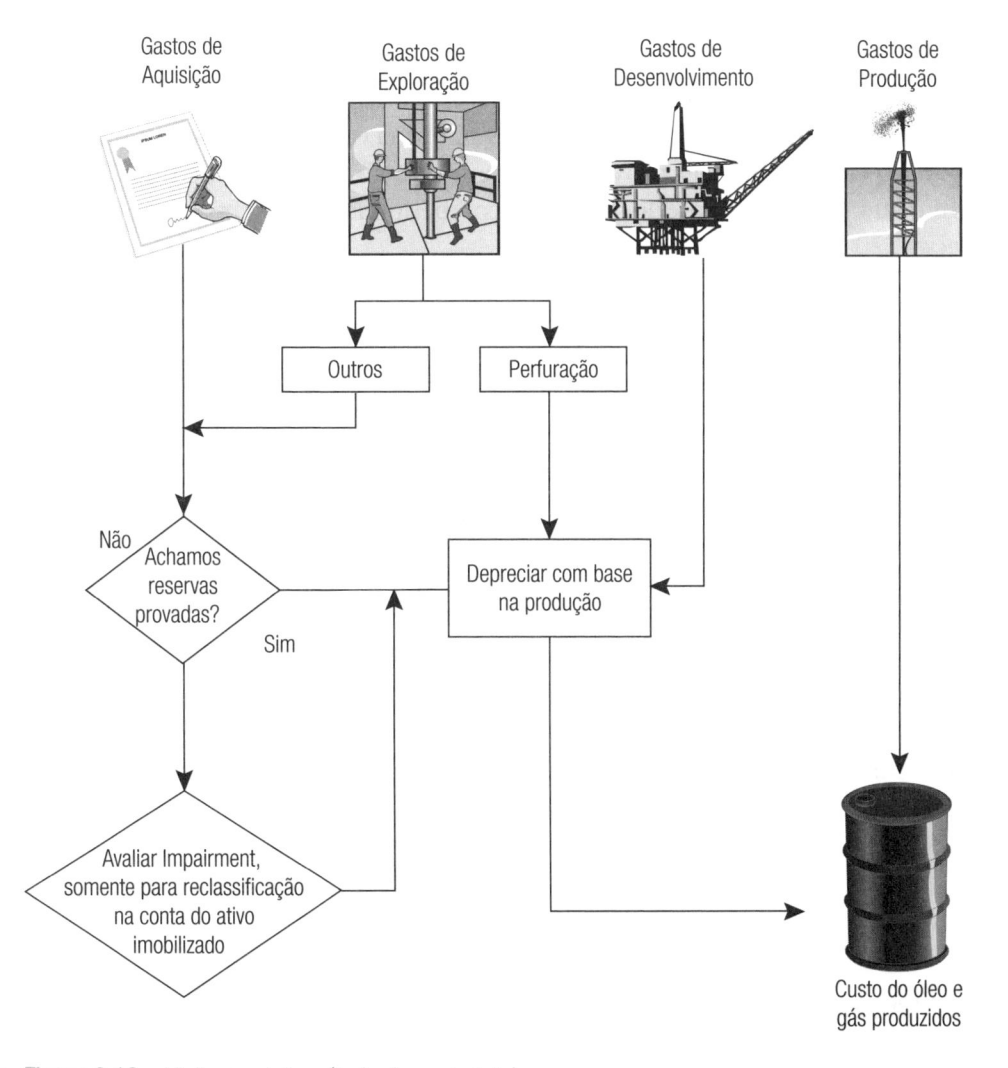

Figura 3.13 – Visão geral do método do custo total.
Fonte: Adaptado de Gallun, Stevenson e Nichols (1993, p. 56).

3.2.1 A acumulação dos gastos no custo total

A SEC sugere que os gastos ativados devam ser acumulados em centros de custo estabelecidos em uma base por país, incluindo também as áreas marítimas (*offshore*). Desse modo, uma simples conta de ativo de óleo e gás pode ser usada para acumular os gastos em cada campo; por exemplo:

- Ativos de óleo e gás – Brasil
- Ativos de óleo e gás – Estados Unidos
- Ativos de óleo e gás – Angola

Contudo, mesmo se todos os ativos de óleo e gás estiverem combinados em única conta, registros detalhados dos gastos de aquisição, perfuração e desenvolvimento devem ser mantidos para propósitos gerenciais e fiscais. Sendo assim, os registros detalhados, mantidos por uma companhia que utiliza o método do custo total, são provavelmente muito similares aos de uma companhia que utiliza o método dos esforços bem-sucedidos (JENNINGS, FEITEN e BROCK, 2000, p. 455).

3.2.2 A contabilização dos gastos no custo total

Como foi visto na Seção 3.2, todos os gastos incorridos nas atividades de aquisição, exploração e desenvolvimento de reservas provadas são ativados.

Assim, todos os gastos de geologia e geofísica, gastos de manutenção do arrendamento, gastos de aquisição de dados sísmicos, gastos de poços exploratórios (secos ou bem-sucedidos), gastos de poços de testes estratigráficos, gastos de aquisição de direitos exploratórios e todos os gastos de desenvolvimento são ativados.

Como apontado anteriormente, os gastos de *overhead*, relacionados diretamente às atividades de exploração, aquisição e desenvolvimento, também deverão ser ativados. Até mesmo quando a propriedade sofre deterioração (*impairment*) ou é abandonada, esses valores respectivos permanecem como parte dos gastos ativados do centro de custo.

Recapitulando, os gastos de produção e corporativos são tratados como despesas (no primeiro caso, considerando a hipótese de que toda a produção é vendida, tornando-se custo dos produtos vendidos).

3.2.3 A depreciação/amortização conforme o método do custo total

Os procedimentos utilizados na amortização dos gastos ativados, conforme o método do custo total, diferem significativamente daqueles empregados pelo método dos esforços bem-sucedidos. Ambos adotam o método das unidades produzidas, porém, efetuando cálculos diferentes.

3.2.3.1 Os gastos passíveis de amortização/depreciação

A Regulation S-X rule 4-10(c)(3)(i) determina que os gastos que são amortizados devem incluir (SEC, 1975, p. 31):

a. Todos os gastos ativados menos a amortização acumulada;
b. Os gastos estimados futuros (baseados nos gastos correntes) que serão incorridos no desenvolvimento de reservas provadas;
c. Os gastos estimados de desmontagem e abandono, líquidos dos valores recuperáveis.

Uma característica do método do custo total é que todos os gastos ativados relacionados aos ativos de óleo e gás estão no cálculo da amortização ao mesmo tempo que são incorridos. Outra característica distinta da amortização no custo total é a inclusão usual dos gastos futuros nos gastos amortizáveis, aqueles serão incorridos no desenvolvimento de reservas provadas e são abrangidos no cálculo da amortização. A inclusão dos gastos de desenvolvimento futuros estimados, com base nos gastos correntes, é necessária, pois todas as reservas provadas são incluídas no cálculo, inclusive aquelas ainda não desenvolvidas (JENNINGS, FEITEN e BROCK, 2000, p. 456).

Os gastos estimados de desmontagem, restauração (do meio ambiente) e abandono de propriedade, líquido de valores recuperáveis, devem ser incluídos no cálculo da amortização, da mesma forma que a amortização conforme o método dos esforços bem-sucedidos (GALLUN, STEVENSON e NICHOLS, 1993, p. 219).

3.2.3.2 Os gastos excluídos do cálculo

Existem duas exceções à regra geral em que todos os gastos ativados em um centro de custo devem ser incluídos no cálculo da amortização, assim que estes sejam incorridos. Constam da Regulation S-X rule 4-10(c)(3)(ii):

> Os gastos diretamente associados com a aquisição e avaliação de propriedades não provadas podem ser excluídos do cálculo da amortização até que seja determinado se é ou não uma reserva provada [...], sujeito às seguintes condições: (1) até que tal determinação seja feita, as propriedades devem ser avaliadas pelo menos anualmente para averiguar se houve uma deterioração (*impairment*) do seu valor; (2) os gastos de perfuração de poços secos exploratórios devem ser incluídos na base de amortização, imediatamente após a determinação de que o poço é seco; (3) se gastos de geologia e geofísica não puderem ser diretamente associados com proprie-

dades não avaliadas específicas, eles devem ser incluídos na base de amortização quando incorridos. Quando a avaliação da propriedade se completar, o total dos gastos excluídos remanescentes (líquidos de qualquer deterioração de valor) deve ser considerado na base de amortização.

Certos gastos podem ser excluídos da amortização quando incorridos em conexão com projetos em desenvolvimento onde se espera acarretar gastos significativos, para se averiguar a quantidade de reservas provadas relacionadas a esta propriedade em desenvolvimento (por exemplo: instalação de uma plataforma marítima de perfuração, para a qual poços de desenvolvimento estão sendo perfurados, projetos com expectativa de significantes adições às reservas provadas etc.) [...]

Os gastos excluídos de reservas provadas a pouco relacionados, devem ser transferidos para dentro da base de amortização em uma base contínua (poço por poço ou propriedade por propriedade), quando o projeto for avaliado e as reservas provadas estabelecidas, ou a deterioração de valor (*impairment*) determinada.

3.2.3.3 Amortização dos gastos ativados

Conforme visto anteriormente, todos os gastos ativados em um centro de custo são, com certas exceções, amortizados sobre as reservas provadas usando o método das unidades produzidas. Se o óleo e gás são produzidos conjuntamente, são convertidos a uma unidade de medida comum, baseada no conteúdo de energia relativa.

Entretanto, os preços de óleo e gás podem ser tão relativamente desproporcionais a esse conteúdo de energia que o método de unidades produzidas poderá resultar em um confronto inadequado entre receita e custo de produção de óleo e gás. Nessa condição, o método das unidades de receita é a base mais apropriada para o cálculo da amortização.[13]

Esta afirmativa encontra-se fundamentada no parágrafo (iii) da Regulation S-X Rule 4-10 (c). Nela é mencionado que o método das unidades produzidas, baseado no conteúdo de energia relativa, é o mais apropriado, a menos que circunstâncias econômicas relacionadas aos efeitos dos preços indiquem que o uso das unidades de receita (receita total bruta) seja a base de cálculo da amortização mais apropriada.

Se o método das unidades de receita é utilizado, os preços atuais de venda de óleo e gás são usados para valorizar a produção durante o ano, e os preços correntes no fim do ano devem ser aplicados na valorização das reservas provadas.

---

[13] Conforme Gallun, Stevenson e Nichols (1993, p. 216), o método das unidades de receita não é utilizado no método dos esforços bem-sucedidos.

Os autores citados apresentam as fórmulas de amortização para os dois casos. A fórmula das unidades produzidas para o cálculo da amortização é basicamente a mesma usada pelo método dos esforços bem-sucedidos.

Fórmula das unidades produzidas:

$$\frac{\text{custos capitalizados no fim do ano}}{\text{reservas provadas estimadas no início do ano}} \times \text{produção durante o ano}$$

Fórmula das unidades de receita:

$$\frac{\text{custos capitalizados no fim do ano}}{\text{reservas provadas estimadas no início do ano valorizadas pelos preços no fim do ano}}$$
$$\times$$
$$\text{produção durante o ano valorizada pelos preços de venda atuais}$$

Para ilustrar o assunto, veja, a seguir, um exemplo numérico:

Uma empresa de petróleo possui reservas provadas de óleo e gás localizadas no Brasil. Os dados seguintes referem-se a dezembro de 2006:

Gastos a serem amortizados:	R$ 2.700.000.000,00
Produção durante 2006:	
Óleo	250.000 bbl
Gás	100.000 mcf
Reservas provadas, 31/12/06	
Óleo	880.000 bbl
Gás	1.320.000 mcf
Preços de venda atuais, 31/12/06	
Óleo	R$ 80,00/bbl
Gás	R$ 15,00/mcf
Preços de venda durante 2006	
Óleo	R$ 90,00/bbl
Gás	R$ 20,00/mcf

a) Cálculo da taxa de amortização com base na energia equivalente, para 2006, em unidades equivalentes de energia:

Produção:
Óleo   250.000 × 6 = 1.500.000 mcf equivalentes
Gás   100.000 mcf
                           ―――――――――――――――――――
                           1.600.000 mcf equivalentes

Reservas:
Óleo   880.000 × 6 = 5.280.000 mcf equivalentes
Gás   1.320.000 mcf
                                                      6.600.000 mcf

Amortização/depreciação no período:

$$\frac{1.600.000}{6.600.000 + 1.600.000} = R\$ 540.000.000,00$$

b) Cálculo da amortização com base nas unidades de receita:
Produção:
Óleo   250.000 × R$ 90 = R$ 22.500.000,00
Gás   100.000 × R$ 20 = R$ 2.000.000,00
                                                      R$ 24.500.000,00

Reservas:
Óleo   880.000 × R$ 80 = R$ 70.400.000,00
Gás   1.320.000 × R$ 15 = R$ 19.800.000,00
                                                      R$ 90.200.000,00

Amortização no período:

$$\frac{R\$ 24.500.000}{R\$ 90.200.000 + R\$ 24.500.000} = R\$ 567.000.000,00$$

c) Qual é a base mais apropriada neste caso?
Um barril de óleo é aproximadamente equivalente a seis pés cúbicos de gás, mas o preço atual de um barril de óleo é R$ 80, comparado a R$ 90 para seis pés cúbicos de gás. O preço de venda de um barril de óleo, durante o ano era R$ 90, comparado a R$ 120 por seis pés cúbicos de gás. Essa análise indica que a quantia de amortização, com base na unidade de energia relativa, será diferente da quantia, com base nas unidades de receita. Então, se essa diferença for considerada material, a base a ser utilizada é a de unidades de receita.

3.2.4 Resumo do método do custo total

Pelo método do custo total (*full cost accounting*) não é possível correlacionar os gastos nas atividades de exploração e produção de óleo e gás com a descoberta de reservas específicas.

Sendo assim, todos os gastos, sejam eles bem ou malsucedidos, incorridos nas atividades de aquisição, exploração e desenvolvimento são ativados e amortizados, conforme as reservas provadas forem produzidas.

Até mesmo quando uma propriedade sofre *impairment*, ou é abandonada, esses valores permanecem ativados e compõem a base de amortização.

Todos esses gastos são acumulados em único centro de custo que representa as atividades de exploração e produção de óleo e gás da companhia em determinado país.

Outra característica deste método é o fato de que até os gastos futuros que serão incorridos no desenvolvimento de reservas provadas compõem a base de cálculo da amortização.

A amortização dos gastos ocorre pelo método das unidades produzidas com base nas reservas provadas, porém, é permitido também, em determinadas ocasiões, utilizar o método com base nas unidades de receita.

3.2.5 Exercícios de fixação – Método do custo total

1. Com os itens listados a seguir, incorridos em 2009, prepare uma DRE e um Balanço Patrimonial (parcial), conforme o método do custo total.

Gastos de aquisição	R$ 30.000
Gastos de geologia e geofísica	R$ 80.000
Poços exploratórios malsucedidos	R$ 1.500.000
Poços exploratórios bem-sucedidos	R$ 350.000
Poços de desenvolvimento (secos)	R$ 200.000
Poços de desenvolvimento (bem-sucedidos)	R$ 475.000
Gastos de aquisição de instalações de produção	R$ 250.000
Gastos de produção	R$ 60.000
Depleção do período	R$ 125.000
Depleção acumulada	R$ 360.000
Receita da venda de óleo/gás	R$ 225.000

2. Indique se os seguintes gastos devem ser despesas (D) ou ativados (A), de acordo com o método do custo total.

	D	A
Gastos de aquisição		
Gastos de GG		
Poços exploratórios secos		
Poços exploratórios bem-sucedidos		
Poços de desenvolvimento secos		
Poços de desenvolvimento bem-sucedidos		
Gastos de produção		
Aquisição de dados sísmicos		

3. Com os dados a seguir, calcule a depleção acumulada:

Gastos depletáveis	$ 700.000
Valor líquido recuperável	$ 60.000
Gastos futuros de desenvolvimento de reservas provadas	$ 100.000
Reservas provadas (31/12)	100.000 bbl
Reservas provadas e desenvolvidas (31/12)	75.000 bbl
Produção durante o ano	20.000 bbl

4. Os dados da Orgulho do Norte Oil Company, em 31/12/2007, são os seguintes:

Gastos depletáveis	$ 800.000
Gastos futuros de desenvolvimento de reservas provadas	$ 200.000
Gastos estimados futuros de abandono de áreas	200.000
Valores líquidos recuperáveis	60.000

	Óleo (bbl)	Gás (Mcf)
Reservas provadas (31/12/07)	110.000	300.000
Reservas provadas e desenvolvidas (31/12/07)	75.000	120.000
Produção durante o ano	20.000	50.000
Preço de venda durante o ano	$ 32/bbl	$ 1,20/mcf
Preço de venda (31/12/07)	$ 25/bbl	$ 1,10/mcf
Preço de venda esperado (2008)	$ 27/bbl	$ 2,00/mcf

Calcule a depleção utilizando:
a) Boe como unidade de medida comum.
b) Usando o método das unidades de receita.

5. A Flamengo's Oil Company apresentou as seguintes informações no balanço de 2009:

Gastos ativados (incluindo gastos de desenvolvimento futuros)	$ 2.200.000
Depleção acumulada	$ 850.000
Reservas provadas – óleo	250.000 bbl
Reservas provadas – gás	900.000 mcf
Produção em 2009:	
Óleo 25.000 bbl	preço médio de venda $22/bbl
Gás 80.000 mcf	preço médio de venda $1,30/mcf
Preços correntes de venda (31/12/09):	
Óleo	$ 25/bbl
Gás	$ 1,65/mcf

Calcule a depleção acumulada aplicando o método das unidades de receita.

3.3. Resumo

O setor de petróleo movimenta a economia mundial, não apenas pelo mineral que é a matriz energética do mundo, mas, por exemplo, pela demanda que gera a seu redor, em quantidade de mão de obra e encomendas de fornecedores. A complexidade de suas operações se traduz na contabilidade desse tipo de indústria, somando novos problemas aos inúmeros que essa área de estudo já possui; e boa parte deles origina-se nas atividades de exploração e produção de petróleo não por coincidência, mas por ser a parte de maior complexidade desse ramo da indústria.

Há bastante tempo os Estados Unidos possuem literatura contábil sobre o assunto, bem como normativos contábeis específicos (há aproximadamente 50 anos), para as indústrias produtoras de petróleo e gás, as quais possuem atividades de exploração e produção de petróleo. No Brasil, até o momento, não é possível encontrar nenhuma orientação específica e/ou literatura sobre essa área.

Considerando que é um setor promissor da economia brasileira, em consequência da abertura do monopólio da exploração e produção de petróleo para a iniciativa privada e, principalmente, pelas expectativas em torno da exploração do pré-sal, o início de um estudo visando à implantação de normas contábeis no Brasil, específicas para essa indústria, torna-se necessário.

Nesse contexto, um dos principais problemas relacionados à contabilidade é o da ativação dos gastos necessários à descoberta de reservas de petróleo e gás. Nas atividades de exploração e produção de petróleo são incorridos, basicamente, quatro tipos de gastos relacionados às atividades de aquisição, exploração, desenvolvimento e produção das reservas de petróleo. No método dos esforços bem-sucedidos, capitaliza-se apenas os gastos nas atividades que resultaram na descoberta de reservas provadas de petróleo e gás, amortizando-os no decorrer da produção dessas reservas. Os gastos incorridos que não resultaram em descobertas de reservas ou em reservas não comerciais são debitados para despesa no resultado do exercício em que incorreram.

Outro método para o tratamento desses gastos é o do custo total, em que todos os gastos incorridos em exploração e produção de petróleo, independentemente de resultarem em reservas provadas ou não, são ativados e amortizados conforme a produção dessas reservas.

Em outras palavras, a diferença primordial entre o método dos esforços bem-sucedidos e o método do custo total refere-se ao tratamento dos gastos incorridos nas atividades de aquisição e exploração de propriedades de petróleo e gás. No método dos esforços bem-sucedidos, tais gastos serão apenas ativados se resultarem na descoberta de reservas provadas, em comparação, no método do custo total, esses gastos são ativados independentemente de se encontrarem reservas provadas ou não. Os gastos de desenvolvimento e de produção recebem um tratamento similar nos dois métodos: no primeiro, é sempre capitalizado, já no segundo, é tratado como despesa no período em que incorreu (nesse caso considerando que não haja estoque de petróleo no campo produtor, ou seja, todo o petróleo extraído é transferido para a refinaria para ser processado).

O Quadro 3.1 sintetiza as diferenças entre os dois métodos basicamente concentrada nos gastos de aquisição e exploração perfuratória que são dependentes do resultado da campanha de exploração e dos gastos de exploração não perfuratória.

Quadro 3.1 – Comparação dos métodos contábeis

Item	*Successful efforts* × *full cost*	
	Successful efforts	*Full cost*
Gastos de GG	Despesa	Ativados
Gastos de aquisição	Ativados	Ativados
Gastos de exploração: poços secos	Despesa	Ativados
Gastos de exploração: poços bem-sucedidos	Ativados	Ativados
Gastos de desenvolvimento: poços secos	Ativados	Ativados
Gastos de desenvolvimento: poços bem-sucedidos	Ativados	Ativados
Custos de produção	Despesa	Despesa
Tipos de companhias (geralmente)	Grandes	Pequenas
Acumulação por centro de custo	Bloco, campo ou poço	Companhias, países ou área geográfica
Observação	Aprovado pela SEC e preferido pelo FASB	Aprovado pela SEC

Já a Figura 3.14 mostra graficamente o comportamento do lucro de duas empresas de petróleo que utilizam os dois métodos contábeis. Mantendo-se as demais variáveis constantes, tais como receita de venda de petróleo e gás, custo de produtos vendidos, despesas administrativas etc., o comportamento do lucro líquido é ilustrado a seguir:

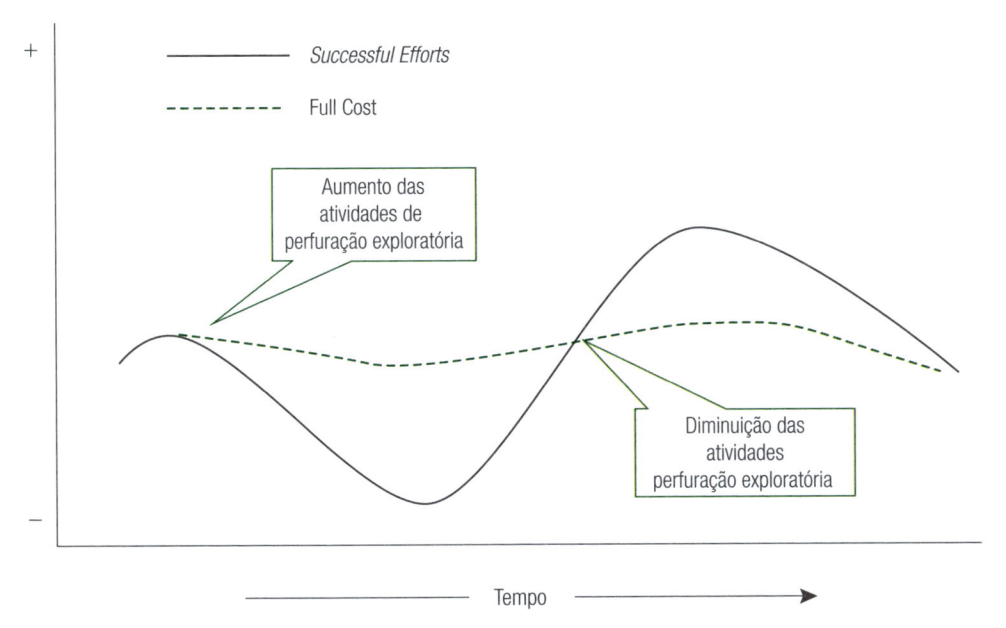

Figura 3.14 – Comportamento do lucro de duas empresas de petróleo que utilizam os dois métodos contábeis.

Capítulo 4

USGAAP: tópicos especiais sobre contabilidade de petróleo e gás

4.1 *Impairment of assets* (ou redução ao valor recuperável de ativos)

O *impairment of assets* é o instrumento utilizado para adequar o valor do ativo a sua real capacidade de retorno econômico. Ele é aplicado em ativos fixos, ativos de vida útil indefinida, ativos disponíveis para a venda, investimentos etc.

4.1.1 *Impairment* no método dos esforços bem-sucedidos

O método dos esforços bem-sucedidos aceita duas maneiras de reconhecer o valor da deterioração do ativo, de forma individual ou por grupo de ativos, dependendo do fato de os gastos individuais de uma propriedade serem significativos ou não. Jennings, Feiten e Brock (2000, p. 152) afirmam que os critérios para a determinação da significância dos gastos individuais de propriedades no método dos esforços bem-sucedidos não são claros, e as principais companhias norte-americanas estabelecem um valor mínimo. Os autores complementam com a regulação da SEC, relativa àqueles que utilizam o método do custo total, segundo a qual o custo individual de uma propriedade que ultrapasse 10% do total dos gastos líquidos ativados de um centro de custo será considerado significativo e deve ser avaliado individualmente.

O FASB, no parágrafo 28 do SFAS 19, determina que, para propriedades cujos gastos individuais sejam significativos, a avaliação da deterioração deve ser feita individualmente. Para aquelas propriedades cujos gastos individuais não sejam significativos, a avaliação pode ser feita de forma agregada ou em grupos de propriedades.

Quando é detectada uma deterioração do custo da propriedade, o valor da deterioração é creditado em uma conta retificadora do custo da propriedade, em contrapartida a uma conta de despesa (ou perda). Esse procedimento é semelhante ao do caso da avaliação de várias propriedades em grupo, só que a conta retificadora possuirá o valor total da deterioração dos gastos dessas várias propriedades.[1] Depois do registro da deterioração, a companhia não poderá contabilizar nenhuma recuperação de valor. Quando determinada propriedade não provada é entregue ou abandonada, uma perda deve ser reconhecida, sendo medida pelo valor contábil líquido (custo de aquisição menos o *impairment*) da propriedade, levada ao resultado do período (FASB, SFAS 19, 1977, p. 15).

O exemplo seguinte, extraído de Jennings, Feiten e Brock (2000, p. 434-435), apresenta certa situação em que uma companhia de petróleo reconhecerá uma perda por deterioração e o modo pelo qual a perda seria medida.

Determinada companhia de petróleo possui dez campos comprovados, ou seja, possuidores de reservas de óleo e gás. Durante a fase de elaboração das demonstrações financeiras, a administração fez revisões nas estimativas das reservas de petróleo de três campos que estão fora de operação (campos A, B e C). Os campos A, B e C têm valores justos (*fair value*) de R$ 3, R$ 4 e R$ 5 milhões, respectivamente (usando-se fluxos de caixa futuros esperados de reservas comprovadas, descontadas à atual taxa de retorno do mercado). Os gastos ativados para a descoberta dos campos A, B e C são, respectivamente, R$ 5, R$ 20 e R$ 10 milhões. O montante de depreciação, depleção e amortização acumulados são de R$ 2, R$ 8 e R$ 3 milhões, respectivamente, para os campos A, B e C. A seguir, uma tabela demonstra os valores mencionados.

---

[1] Para informações adicionais consultar: SFAS 121 – Accounting for the impairment of long-lived assets and for long-lived assets to be disposed of e SFAS 144 – Accounting for the impairment or disposal of long-lived assets.

Calculando o valor contábil líquido (em milhões de R$)

	Campo A	Campo B	Campo C
Custo capitalizado de reservas comprovadas	R$ 5	R$ 20	R$ 10
DDA acumuladas	(R$ 2)	(R$ 8)	(R$ 3)
Provisão para abandono de poços e desmantelamento de áreas	Zero	(R$ 2)	(R$ 1)
Valor contábil líquido	R$ 3	R$ 10	R$ 6

Teste de *impairment* e avaliação da perda

	Campo A	Campo B	Campo C
Fluxos de caixa futuros esperados não descontados e antes dos impostos	R$ 4	R$ 8	R$ 8
Valor contábil líquido (1)	R$ 3	R$ 10	R$ 6
Perda por deterioração (*impairment*)	Não	Sim	Não
Valor justo (2)		(R$ 4)	
Valor da perda por deterioração (1 – 2)		R$ 6	

Deve-se observar que algumas companhias podem registrar a provisão com abandono de poços como um passivo separado, ou como um componente da depleção, depreciação e amortização acumuladas (DDA acumuladas).

O valor justo é o preço pelo qual o ativo seria vendido. Na ausência de um mercado, o valor justo foi estimado usando-se os fluxos futuros de caixa descontados a uma taxa que reflete o retorno esperado do ativo pela empresa, sendo a perda por deterioração medida pela diferença entre o valor contábil líquido do ativo e o seu valor justo, e este montante registrado como despesa do exercício na demonstração do resultado, em contrapartida na conta de DDA acumuladas. Dessa forma, é possível propiciar a evidenciação do novo valor contábil líquido do ativo que sofreu deterioração (FASB, SFAS 121, 1995, p. 30).

Na determinação da deterioração (*impairment*) de propriedades de óleo e gás, as regras a serem seguidas são as dispostas no SFAS 121 (e mais recentemente o SFAS 144), que dispõe sobre as regras de *impairment* de propriedades provadas e equipamentos e instalações relacionadas. Já as disposições sobre as propriedades não provadas encontram-se no SFAS 19, tratam-se de regras válidas para as empresas que utilizam o método dos esforços bem-sucedidos. Para as empresas que utilizam o método do custo total, as disposições sobre *impairment* encontram-se na Regulation S-X Rule 4-10.

O reconhecimento do valor recuperável do ativo não se limita ao ativo isoladamente, é utilizado o conceito de unidade geradora de caixa, ou seja, são considerados os benefícios futuros dos ativos conjuntamente, já que o retorno econômico na maioria dos casos se dá por um conjunto de ativos.

Os fatores que indicam a necessidade de aplicação do teste de *impairment* são: diminuição significativa do preço de mercado; mudança significativa na forma de utilizar o bem que venha a reduzir sua vida útil; danificação do bem; mudança significativa de aspectos legais ou de negócios que possam afetar seu valor, ou a avaliação do regulador; expectativa real de que o ativo será vendido ou baixado antes do término de sua vida útil anteriormente prevista.

Basicamente, as etapas do teste de *impairment*, utilizado pelas empresas de petróleo, consistem nas seguintes:

1. Calcula-se o valor presente líquido (VPL) da reserva, utilizando-se preços e gastos correntes, e uma taxa determinada pela empresa, que reflete o retorno mínimo esperado do projeto que contempla a reserva em questão. Caso o VPL seja negativo, esse campo (reserva) é considerado não econômico e seus gastos ativados são transferidos para o resultado do exercício. Caso o VPL seja positivo, passa-se ao teste de *impairment* propriamente dito.
2. Compara-se o valor contábil líquido (VCL) do campo (incluindo o valor da provisão para abandono) com seu fluxo de caixa não descontado, de acordo com as reservas provadas. Se o valor deste último for maior, não há *impairment*. Caso contrário, é realizado um novo teste.
3. Calcula-se um novo fluxo de caixa não descontado, mas, desta vez, com base nas reservas provadas e prováveis. Se esse for maior que o VCL, não há *impairment*. Caso contrário, retira-se do VCL o valor da provisão para abandono. Se o VCL ficar menor que o fluxo de caixa não descontado, considera-se que não há *impairment*. Mas, se ainda assim o VCL continuar maior que o valor do fluxo de caixa não descontado, determina-se que houve deterioração do ativo e passa-se à fase de cálculo da perda.
4. O *impairment* é calculado como a diferença entre o valor contábil líquido do ativo (incluindo a provisão para abandono) e seu valor justo, geralmente medido pelo valor presente líquido da reserva, utilizando-se a taxa mínima de retorno esperado pela empresa citada anteriormente.

Um fluxograma simplificado do teste de *impairment* utilizado pelas empresas de petróleo e gás é apresentado no Anexo II.

O SFAS 143 determina que os gastos com abandono de poços e desmantelamento de áreas sejam constituídos tão logo possa ser estimado e devem ser acrescentados ao custo do ativo a qual estão relacionados. Para isso, calcula-se o valor presente líquido do montante estimado de gastos futuros com o desmantelamento e abandono da área, utilizando-se de uma taxa livre de risco (geralmente poupança ou título governamental) ajustada ao risco de crédito da companhia. O montante apurado do valor presente dos gastos futuros é acrescido ao ativo principal (os gastos ativados da descoberta do campo ou reserva) com contrapartida no passivo através de uma provisão. O valor presente dos gastos futuros registrados no ativo sofre a depleção com o valor do ativo principal ao qual está relacionado. A provisão é ajustada anualmente, decorrente da passagem do tempo, mudança do valor da taxa e das estimativas com os gastos futuros de abandono. O ajuste da provisão é registrado no resultado do exercício.

Periodicamente, as propriedades são avaliadas para verificar se houve deterioração de seu valor econômico medido pelo fluxo de benefícios futuros (fluxo de caixa não descontado). Caso o fluxo de caixa líquido não descontado estimado da propriedade seja menor que o seu valor contábil líquido, uma perda por *impairment* será reconhecida e medida pela diferença entre o valor contábil líquido e o seu valor de mercado.

As normas sobre este tópico foram atualizadas pelo SFAS 144 – Accounting for the impairment or disposal of long-lived assets que trouxe mudanças significativas para os ativos imobilizados mantidos para uso, que é o caso desse ramo da indústria.

Basicamente, essas mudanças referem-se à:

1. forma de elaboração dos fluxos de caixa, que devem ser utilizados para o teste de recuperabilidade de um ativo, ou grupo de ativos;
2. maneira como uma perda decorrente da diminuição do valor recuperável de um ativo deve ser registrada;
3. necessidade da técnica de valor presente para estimar o valor justo de um ativo, nos casos em que não existam preços de mercado que norteiem a definição do valor de mercado do ativo, ou existir incertezas sobre o período e o montante do valor do fluxo de caixa futuro.

4.1.2 *Impairment* no método do custo total

Os procedimentos para determinação da perda de valor das propriedades não provadas e os fatores considerados são semelhantes aos do método dos esforços bem-sucedidos. A diferença é que, ao contrário do método dos esforços bem-sucedidos, o valor da deterioração não é despesa, mas, sim, transferido para a base de amortização e recuperado por meio da amortização. A conta que registra a perda de valor é uma conta de ativo que é incluída nos gastos que são amortizados.

4.2 Provisão de abandono

O abandono de um projeto de exploração e produção de petróleo e gás pode ocorrer tanto pela sua escassez física como pela escassez econômica no momento em que a produção é suspensa por razões econômicas, como o alto valor de extração, preço do barril de petróleo etc., mesmo que o recurso mineral não tenha sido completamente exaurido (Santos, 2006).

O objetivo principal do abandono consiste em recuperar as condições existentes do local, no período anterior à produção, com a remoção das instalações e facilidades de produção, e a recomposição do meio ambiente preexistente.

Nas áreas em terra, os gastos futuros de desmontagem e restauração não são muito significativos, muitas companhias assumem que estes gastos não são materiais. Em comparação, relativos às áreas marítimas (*offshore*), os gastos de desmontagem e restauração são muito significativos. Os gastos totais de desmontagem *offshore* são, em muitos casos, da mesma proporção que o custo da plataforma e das instalações (Gallun, Stevenson e Nichols, 1993, p. 179).

De acordo com Santos (2006, p. 93), a exploração *offshore* requer a instalação de plataformas, de equipamentos submarinos, como "árvore de natal", "cabeça de poço", dutos, blocos de ancoragem entre outros.

Figura 4.1 – Operação de *deck-mating* da plataforma semisubmersível P-52.

A maioria das unidades de produção de petróleo no Brasil está situada em águas profundas. Existem mais de 100 plataformas em operação na costa brasileira.

O FASB, através do SFAS 19, determinava que a provisão com abandono de poços e desmantelamento de áreas produtoras de petróleo fosse constituída ao longo da vida produtora do campo ou reserva. Desse modo, anualmente a provisão era acrescida de novos valores decorrentes da revisão da estimativa dos gastos futuros com a contrapartida desse acréscimo lançado no resultado do exercício.

Essas regras foram aprimoradas pelo SFAS 143 – Accounting for asset retirement obligation. Este pronunciamento determina que o passivo futuro decorrente da atividade de abandono e restauração da área ocupada deve ser reconhecido tão logo seja possível sua estimativa, e esse custo deve ser incluído como custo do ativo de petróleo e gás. Para isso, é realizada uma estimativa do fluxo de caixa futuro para o abandono da área produtiva, trazendo-o ao valor presente usando-se uma taxa livre de risco ajustada ao risco de crédito da companhia.

O montante decorrente desse cálculo é acrescentado ao valor do ativo principal (gasto capitalizado da reserva de petróleo e gás) ao qual está relacionado, sendo a provisão no passivo da companhia a contrapartida desse registro.

Anualmente a provisão é ajustada em razão da passagem do tempo, da mudança do valor da taxa e da revisão das estimativas de saída de caixa para o abandono da área. Os ajustes anuais desses valores do passivo (provisão) têm contrapartida no resultado.[2]

Nos casos em que os ativos forem componentes de um grupo maior de ativos, como é o dos poços de petróleo que compõem um campo de petróleo, podem-se utilizar técnicas de agregação para constituição de uma obrigação coletiva por baixa de ativos (FASB, SFAS 143, item A22).

De acordo com o SFAS 19, parágrafo 37, os gastos estimados de desmontagem, restauração (meio ambiente) e abandono, e valores recuperados estimados dos equipamentos relacionados devem ser levados em conta no cálculo das taxas de amortização e depreciação (FASB, 1977, p. 14).

Gallun, Stevenson e Nichols (1993, p. 177) afirmam que isso encontra respaldo na teoria contábil, pois os gastos históricos de um ativo incluem todos os gastos necessários a sua aquisição e colocação em serviço. Já que o operador

---

[2] Para um aprofundamento nesse assunto consultar: SFAS n. 143 – Accounting for asset retirement obligations e SFAS n. 146 – Accounting for costs associated with exit or disposal activities.

é legalmente obrigado a restaurar o meio ambiente, gastos de restauração e desmontagem futuros certamente ocorrem e, consequentemente, são parte do custo do ativo.

Cabe ressaltar que esses gastos serão obviamente desembolsados depois que toda produção da propriedade tenha se completado e, desse modo, serão aplicados a todas as reservas que serão produzidas por aquela propriedade. Em consequência, as reservas provadas, no lugar das reservas provadas desenvolvidas, é que, teoricamente, serão usadas no cálculo da amortização desses gastos.

Nesse contexto, de acordo com a IAS 37 ("Provisões, passivos contingentes e ativos contingentes") em conjunto com a IFRS 6 ("Exploração e avaliação de recursos minerais"), uma entidade deve reconhecer quaisquer obrigações de remoção e restauração que sejam incorridas durante um período específico, como consequência de ter empreendido a exploração e avaliação de recursos minerais.

Contudo, essas normas internacionais de contabilidade (IAS 37 e IFRS 6) não estabelecem critérios específicos para determinar e contabilizar a provisão com abandono de poços e desmantelamento de áreas produtoras de petróleo. Sendo assim, as entidades que atuam nesse setor devem desenvolver e determinar sua política contábil referente à provisão de abandono, seguindo as orientações da IAS 8 ("Políticas contábeis, mudanças nas estimativas contábeis e erros").

4.3 Reservas de petróleo e gás

Pode-se dizer que as reservas de petróleo e gás são os ativos de maior relevância para qualquer empresa com pretensões de atuar de modo competitivo no setor de exploração e produção de petróleo e gás. Por isso, a estimativa e a divulgação de tais reservas é algo primordial para construção da percepção de valor das companhias que atuam nesse segmento. Sendo assim, informações a respeito das reservas de petróleo e gás são consideradas estratégicas para os interessados nas demonstrações contábeis e financeiras (*stakeholders*), pois com base nesse tipo de informação os analistas preparam os prognósticos que balizarão as decisões dos possíveis investidores.

Contudo, existem grandes dificuldades e incertezas em torno do processo de estimativa das reservas de petróleo e gás, tanto do ponto de vista técnico como metodológico. Por exemplo, os números apresentados para os volumes considerados recuperáveis de determinado campo produtor de petróleo são estimados a partir de modelos que, por definição, constituem apenas uma simplificação da realidade e, por esse motivo, estão sujeitos a erros. Além disso, não há consenso sobre qual dos preços (histórico, *spot* ou mercado futuro) deve ser utilizado na determinação das reservas consideradas comercialmente recuperáveis (ERNST&YOUNG e FIPECAFI, 2010, p. 158)

Desse modo, torna-se necessário o estabelecimento de critérios confiáveis e muito bem fundamentados para estimativa dos volumes das reservas de petróleo e gás consideradas comercialmente recuperáveis e para definição dos preços que serão empregados na sua avaliação. Nesse sentido, as companhias deste segmento devem buscar a formalização e a uniformização das práticas adotadas para estimar o volume e definir o valor de suas reservas de petróleo e gás.

No contexto do padrão contábil norte-americano, ou USGAAP (United State Generally Accepted Accounting Principles), existem alguns normativos publicados, tanto pelo FASB como pela SEC, que abordam assuntos relacionados com a estimativa e a divulgação das reservas de petróleo e gás, tais como:

- SFAS 19 – Financial accounting and reporting by oil and gas producing companies.
- SFAS 25 – Suspension of certain accounting requirements for oil and gas producing companies.
- SFAS 69 – Disclosures about oil and gas producing activities.
- Regulation S-X Rule 4-10 – Financial accounting and reporting for oil and gas producing activities.
- Regulation S-K Subpart 1200 – Disclosure by registrants engaged in oil and gas producing activities.
- SEC Rule 33-8995 – Modernization of oil and gas reporting.

De outro modo, os padrões internacionalmente aceitos relacionados com a estimativa e a divulgação das reservas de petróleo e gás foram determinadas por organizações técnicas, agências governamentais e a indústria petrolífera, seguindo as definições estabelecidas pela Society of Petroleum Engineers (SPE), World Petroleum Congress (WPC) e American Association of Petroleum Geologists (AAPG); além da própria Securities Exchange Commission (SEC) e das agências reguladoras da atividade em cada país produtor.

Atualmente, o conjunto de regras norte-americano segue, em linhas gerais, as mesmas diretrizes estabelecidas pela Society of Petroleum Engineers (SPE), no documento denominado Petroleum Resources Management System (PRMS), que foi revisto em 2007.

Por fim, deve-se observar que o processo de estimativa das reservas de petróleo e gás não é uma questão exclusivamente contábil, pois profissionais de outras áreas do conhecimento devem atuar diretamente no processo de reconhecimento, mensuração e divulgação das reservas de petróleo e gás.

Capítulo
5

IFRS: tópicos relevantes sobre normas internacionais de contabilidade aplicadas à indústria de petróleo e gás

Neste capítulo serão abordados alguns tópicos relacionados ao padrão contábil internacional, atualmente conhecido como International Financial Reporting Standards (IFRS), mas que até 2001 era denominado International Accounting Standards (IAS). Assim, pode-se dizer que IFRS são normas mais recentes emitidas pelo IASB International Accounting Standards Board (IASB), enquanto IAS são as primeiras normas emitidas pelo antigo International Accounting Standards Committee (IASC), sendo que essa transição do IASC para o IASB ocorreu no ano de 2001.

5.1 IFRS 6 – Exploração e avaliação de recursos minerais

Até 2004 não existia nenhuma norma internacional de contabilidade (IFRS ou IAS) voltada especificamente para o setor de exploração de recursos minerais e, muito menos, para indústria de petróleo e gás. Além disso, os direitos e recursos minerais (petróleo, gás natural e recursos não renováveis similares) estão excluídos do alcance de importantes normas internacionais, como IAS 16 ("Ativo imobilizado") e IAS 38 ("Ativo intangível").

Em razão disso, as empresas desse setor estavam apenas obrigadas a estabelecer sua política contábil para exploração e avaliação de recursos minerais com base na IAS 8 ("Políticas contábeis, mudanças nas estimativas contábeis e erros"), não existindo normas ou orientações específicas.

Diante dessa situação, o IASB decidiu elaborar uma norma preliminar para orientar a adoção do padrão IFRS nas atividades de exploração e avaliação de recursos minerais. Então, para preencher tal lacuna, foi aprovada em dezembro de 2004 a norma internacional de contabilidade IFRS 6 ("Exploração e avaliação de recursos minerais"), que ainda está em fase inicial, pois não foi concluída a norma detalhada oriunda de uma revisão abrangente da contabilização dessas atividades.

No seu atual estágio, os objetivos da IFRS 6 são:

a. trazer melhorias específicas (mas limitadas) às práticas contábeis relativas aos gastos com exploração e avaliação de recursos minerais;
b. especificar circunstâncias para utilização do valor recuperável dos ativos destinados a atividades de exploração e avaliação de recursos minerais, contabilizando qualquer perda verificada de acordo com a IAS 36 – "Redução no valor recuperável de ativos" (esse assunto será tratado na Seção 5.2);
c. exigir divulgação que identifique e justifique os valores constantes das demonstrações contábeis referentes à exploração e à avaliação de recursos minerais de forma a auxiliar os usuários das referidas demonstrações a entenderem tais valores, sua tempestividade e grau de certeza de seus efeitos nos fluxos de caixa futuros.

Deve-se destacar que a IFRS 6 trata somente dos gastos incorridos com exploração e avaliação. Assim, não aborda outros aspectos da contabilidade de empresas atuantes em atividade de exploração e avaliação de recursos minerais. Em virtude disso, essa norma não se aplica aos gastos incorridos:

a. antes da exploração e da avaliação dos recursos minerais, tais como aqueles realizados antes da obtenção do direito de exploração;
b. depois de demonstrada a viabilidade técnica e comercial da extração dos recursos minerais.

No que diz respeito ao reconhecimento de ativos de exploração e avaliação, a norma estabelece para as entidades desse setor a aplicação do parágrafo 10 da IAS 8 – "Políticas contábeis, mudanças nas estimativas contábeis e erros".

Sendo assim, as entidades que atuam na exploração e avaliação de recursos minerais devem levar em consideração a seguinte orientação:

> 10. Na ausência de uma IFRS que se aplique especificamente a uma transação, outro evento ou condição, a administração usará seu julgamento no desenvolvimento e aplicação de uma política contábil que resulte em informações que sejam:
>> (a) relevantes para as necessidades dos usuários para tomada de decisão econômica; e

(b) confiáveis, no sentido de que as demonstrações financeiras:
   (i) representam fielmente a posição financeira, desempenho financeiro e fluxos de caixa da entidade;
   (ii) refletem a essência econômica das transações, outros eventos e condições, e não meramente a forma jurídica;
   (iii) sejam neutras, ou seja, imparciais;
   (iv) sejam prudentes; e
   (v) estejam completas em todos os aspectos relevantes.

Portanto, o IASB optou por não detalhar suas orientações sobre o reconhecimento de ativos de exploração e avaliação de recursos minerais. Provavelmente, isso será feito na segunda fase da IFRS 6, quando se pretende realizar uma revisão bem mais abrangente da contabilidade deste segmento. No estágio atual da norma, espera-se apenas que a política contábil para as atividades de exploração e avaliação de recursos minerais esteja de acordo com as orientações apresentadas no parágrafo 10 da IAS 8.

De outro modo, a IFRS 6 dispensa temporariamente as entidades deste segmento da aplicação dos parágrafos 11 e 12 da IAS 8, que, por sua vez, estabelece o seguinte:

11. Ao fazer o julgamento descrito no parágrafo 10, a administração fará referência e considerará a aplicabilidade das seguintes fontes em ordem decrescente:
   (a) os requisitos das IFRSs que tratam de questões similares e relacionadas; e
   (b) as definições, critérios de reconhecimento e conceitos de mensuração para ativos, passivos, receitas e despesas na Estrutura Conceitual.

12. Ao fazer o julgamento descrito no parágrafo 10, a administração também poderá considerar os pronunciamentos mais recentes de outros órgãos normatizadores que utilizam uma estrutura conceitual similar para desenvolver normas contábeis, outra literatura contábil e práticas aceitas no setor, na medida em que elas não entrem em conflito com as fontes do parágrafo 11.

Na base para conclusões da IFRS 6, existem dois comentários relevantes sobre esse assunto. Primeiro, é dito que existe a possibilidade de a entidade continuar utilizando suas políticas contábeis anteriores à adoção da IFRS pela primeira vez, desde que tais políticas estejam de acordo com as orientações do parágrafo 10 da IAS 8. Segundo, o IASB reconhece que é difícil fazer mudanças gradativas às práticas de reconhecimento e mensuração nessa ocasião, pois muitos aspectos da contabilização de atividades extrativas estão inter-relacionados com aspectos que não serão considerados até que o IASB conclua sua revisão abrangente de contabilização de atividades extrativas. Entretanto, não impor os tais requisitos da IFRS reduziria a relevância e a confiabilidade das demonstrações financeiras de uma entidade a um nível inaceitável.

A cerca da mensuração de ativos de exploração e avaliação, a IFRS 6 faz uma segregação entre a mensuração no momento do reconhecimento inicial e a mensuração após o reconhecimento inicial.

A mensuração durante o reconhecimento inicial requer que os ativos de exploração e avaliação sejam mensurados pelo custo. Nesse sentido, a entidade deve determinar uma política contábil para definir quais gastos serão reconhecidos como ativos de exploração e avaliação. A aplicação de tal política deve ocorrer de forma consistente ao longo do tempo. Ao determinar sua política contábil, a entidade deve considerar o nível em que o gasto pode estar associado à descoberta de recursos minerais específicos.

São exemplos de gastos que podem ser incluídos na mensuração inicial do ativo de exploração e avaliação:

a. aquisição de direitos de exploração;
b. estudos topográficos, geológicos, geoquímicos e geofísicos;
c. perfuração exploratória;
d. criação de valas;
e. amostragens; e
f. atividades relacionadas com avaliação de viabilidade técnica e comercial da extração do recurso mineral.

Deve-se observar que os gastos relacionados ao desenvolvimento de recursos minerais não serão reconhecidos como ativos de exploração e avaliação. A Estrutura Conceitual (ou *framework*) e a IAS 38 ("Ativos intangíveis") fornecem orientação adequada sobre o reconhecimento de ativos resultantes do desenvolvimento.

Também vale lembrar que, conforme a IAS 37 ("Provisões, passivos contingentes e ativos contingentes"), a entidade deve reconhecer quaisquer obrigações de remoção e restauração que sejam incorridas durante um período específico, como consequência de ter empreendido a exploração e avaliação de recursos minerais (esse assunto será tratado na Seção 5.3).

Já na mensuração após o reconhecimento inicial existem duas alternativas: (1) a entidade pode manter a metodologia do custo de aquisição ou (2) utilizar o método de reavaliação para os ativos de exploração e avaliação. Se o método de reavaliação for aplicado, ele deverá ser consistente com a classificação do ativo em tangível ou intangível. Logo, será aplicado o método de reavaliação da IAS 16 ("Ativo imobilizado") para os ativos tangíveis e método de reavaliação da IAS 38 para os ativos intangíveis.

Nesse contexto, a IFRS 6 estabelece que a entidade deve classificar os ativos de exploração e avaliação como tangíveis ou intangíveis de acordo com a natureza deles e manterá tal classificação de forma consistente. Alguns ativos de exploração e avaliação são tratados como intangíveis (por exemplo, direitos de perfuração), enquanto outros como tangíveis (por exemplo, veículos ou plataformas de perfuração). Na medida em que os ativos tangíveis são consumidos no desenvolvimento de um ativo intangível, o montante de seu custo baixado a título de consumo será computado como parte do custo de elaboração do ativo intangível. Contudo, o uso do ativo tangível para desenvolver um ativo intangível não o torna intangível.

De outro modo, um ativo de exploração e avaliação deixará de ser classificado como tal quando a viabilidade técnica e comercial da extração do recurso mineral for demonstrável. Os ativos de exploração e avaliação serão estimados quanto à redução no valor recuperável e qualquer perda por redução no valor recuperável será reconhecida antes da reclassificação.

Portanto, pode-se dizer que uma norma relevante, abordada na IFRS 6, diz respeito à redução no valor recuperável de ativos (IAS 36). Contudo, esse tema será devidamente tratado na Seção 5.2 deste capítulo.

O último assunto discutido na IFRS 6 foi a "Divulgação". Conforme estabelecido na norma, a entidade deverá divulgar informações que identifiquem e expliquem os valores reconhecidos em suas demonstrações financeiras resultantes da exploração e avaliação de recursos minerais. Para tanto, a entidade deverá divulgar:

a. Suas políticas contábeis para gastos com exploração e avaliação, incluindo as relacionadas com reconhecimento dos ativos de exploração e avaliação;
b. O valor dos ativos, passivos, receita e despesas e fluxos de caixa de atividades operacionais e de investimento, resultantes da exploração e avaliação de recursos minerais.

Por fim, cabe ressaltar que a entidade deve tratar os ativos de exploração e avaliação como uma classe separada de ativos e fazer as divulgações exigidas pela IAS 16 (Ativo Imobilizado) ou pela IAS 38 (Ativo Intangível) de acordo com a forma como os ativos são classificados.

5.2 Como tratar a redução ao valor recuperável de ativos?

5.2.1 Considerações feitas pela IFRS 6

De acordo com a IFRS 6, os ativos de exploração e avaliação serão avaliados quanto à redução no valor recuperável quando fatos e circunstâncias sugerirem que o valor contábil de um ativo de exploração e avaliação possa exceder seu valor recuperável. Quando fatos e circunstâncias sugerirem que o valor contábil excede o valor recuperável, uma entidade mensurará, apresentará e divulgará quaisquer perdas resultantes da redução no valor recuperável de acordo com a IAS 36 ("Redução no valor recuperável de ativos").

Dessa forma, a entidade determinará uma política contábil para alocar os ativos de exploração e avaliação às unidades geradoras de caixa ou grupos de unidades geradoras de caixa com a finalidade de avaliar esses ativos quanto à redução no valor recuperável. Cada unidade geradora de caixa, ou grupo de unidades aos quais está alocado um ativo de exploração e avaliação, não será maior do que um segmento operacional determinado de acordo com a IFRS 8 ("Segmentos operacionais"). Além disso, o nível identificado pela entidade com a finalidade de testar os ativos de exploração e avaliação quanto à redução no valor recuperável pode compreender uma ou mais unidades geradoras de caixa.

Ainda conforme a IFRS 6, um ou mais dos seguintes fatos e circunstâncias indicam que uma entidade deve testar os ativos de exploração e avaliação quanto à redução no valor recuperável:

a. O período em relação ao qual a entidade tem o direito à exploração na área específica tiver vencido durante o período ou vencerá no futuro próximo e não se espera que seja renovado.
b. Não estão orçados nem planejados gastos substanciais adicionais na exploração e avaliação de recursos minerais na área específica.
c. A exploração e avaliação de recursos minerais na área específica não levaram à descoberta de quantidades comercialmente viáveis de recursos minerais e a entidade decidiu descontinuar essas atividades na área específica.
d. Existem dados suficientes para indicar que, embora um desenvolvimento na área específica tenha probabilidade de prosseguir, o valor contábil do ativo de exploração e avaliação provavelmente não será recuperado totalmente pelo desenvolvimento bem-sucedido ou pela venda.

Cabe ressaltar que essas orientações serão aplicadas somente para as finalidades de ativos de exploração e avaliação. No entanto, em qualquer um desses casos, ou casos similares, a entidade realizará um teste de redução no valor recuperável de acordo com a IAS 36, e qualquer perda por redução no valor recuperável é reconhecida como uma despesa.

A seguir, algumas considerações relevantes que foram feitas na "base para conclusões da IFRS 6":

- Em alguns casos, e particularmente em entidades somente de exploração, os ativos de exploração e avaliação não geram fluxos de caixa e há informações insuficientes sobre os recursos minerais em uma área específica para uma entidade fazer estimativas razoáveis do valor recuperável de exploração e avaliação. Isso se deve ao fato de que a exploração e avaliação de recursos minerais não atingiram um estágio em que estejam disponíveis informações suficientes para a entidade estimar fluxos de caixa futuros. Sem essas informações não é possível estimar o valor justo menos custos para vender ou o valor em uso, as duas medidas do valor recuperável da IAS 36.

- Diante dessa situação, o IASB foi persuadido pelos argumentos de que o reconhecimento de perda por redução no valor recuperável nessa base era potencialmente inconsistente com a continuação da permissão dos métodos existentes de contabilização para ativos de exploração e avaliação. Portanto, na falta da conclusão da revisão abrangente de contabilização de atividades extrativas, o IASB decidiu mudar a abordagem para o reconhecimento; a avaliação da redução no valor recuperável deve ser acionada por mudanças nos fatos e circunstâncias. Entretanto, ele também confirmou que, quando uma entidade tiver determinado que um ativo de exploração e avaliação está sujeito à redução no valor recuperável, a IAS 36 deve ser usada para mensurar, apresentar e divulgar essa redução no valor recuperável nas demonstrações financeiras, sujeito aos requisitos especiais em relação ao nível em que essa redução é avaliada.

- Foi proposto que uma entidade que tivesse reconhecido ativos de exploração e avaliação deveria avaliar esses ativos quanto à redução no valor recuperável anualmente e reconhecer qualquer perda resultante por redução no valor recuperável de acordo com a IAS 36.

- O IASB também decidiu que, até que a entidade tivesse dados suficientes para determinar a viabilidade técnica e comercial, os ativos de exploração e avaliação não precisariam ser avaliados quanto à redução no valor recuperável. Entretanto, quando essas informações se tornarem disponíveis, ou outros fatos e circunstâncias sugerirem fazendo com que o ativo esteja sujeito à redução no valor recuperável, os ativos de exploração e avaliação devem ser avaliados quanto à redução no valor recuperável.

5.2.2 Síntese da norma IAS 36

A finalidade da norma IAS 36 ("Redução no valor recuperável de ativos") é definir procedimentos visando assegurar que os ativos não estejam registrados contabilmente por um valor superior àquele passível de ser recuperado no tempo por uso nas operações da entidade ou em sua eventual venda.

Caso existam evidências claras de que os ativos estão registrados por valor não recuperável no futuro, a entidade deverá imediatamente reconhecer a desvalorização por meio da constituição de provisão para perdas.

A entidade deve avaliar, no mínimo por ocasião da elaboração das demonstrações contábeis anuais, se há alguma indicação de que seus ativos ou conjunto de ativos porventura perderam representatividade econômica, considerada relevante. Se houver indicação, a entidade deve efetuar avaliação e reconhecer contabilmente a eventual desvalorização dos ativos.

O valor recuperável pode ser definido como o maior valor entre o preço líquido de venda do ativo e o seu valor em uso. Caso um desses valores exceda o valor contábil do ativo, não haverá desvalorização nem necessidade de estimar o outro valor.

A melhor evidência do preço líquido de venda de ativos é obtida a partir de um contrato de venda formalizado. Caso não exista contrato formal, o preço poderá ser obtido a partir do valor de negociação em um mercado ativo, menos as despesas necessárias de venda. Se essas fontes também não estiverem disponíveis, o preço deve ser baseado na melhor informação disponível para refletir o valor que uma entidade possa obter, na data do balanço, para a alienação do ativo em negociação com parte conhecedora, interessada e independente, sem que corresponda a uma transação compulsória ou decorrente de um processo de liquidação após deduzir as despesas da baixa. Ao determinar esse valor, a entidade pode considerar o resultado de transações recentes para ativos semelhantes, no mesmo setor em que opera.

O valor em uso de ativos será estimado com base nos fluxos de caixa futuros derivados do uso contínuo dos ativos relacionados, utilizando-se uma taxa de desconto para trazer esses fluxos de caixa ao valor presente.

Os fluxos de caixa futuros devem ser estimados para o ativo em sua condição atual. As estimativas de fluxos de caixa futuros não devem incluir:

a. futuras entradas ou saídas de caixa previstas para uma futura reestruturação com a qual a entidade ainda não esteja formalmente compromissada, ou melhoria ou aprimoramento do desempenho do ativo; e
b. entradas ou saídas de caixa provenientes de atividades financeiras ou os recebimentos ou pagamentos de impostos sobre a renda.

A estimativa de fluxos de caixa futuros deve ser baseada nas previsões e/ou orçamentos aprovados pela administração da entidade, sendo recomendável adotar um período de cinco anos. Períodos mais longos devem ser evitados pelo grau de incerteza contido nas premissas; entretanto, poderão ser aceitos desde que justificados.

A taxa de desconto deve ser uma taxa anterior aos impostos sobre a renda, que reflita as avaliações atuais de mercado do valor da moeda no tempo e os riscos específicos do ativo. Essa taxa representa o retorno que os investidores exigiriam se eles tivessem de escolher um investimento que gerasse fluxos de caixa de valores, tempo e perfil de risco equivalentes àqueles que a entidade espera extrair do ativo. Entretanto, a taxa de desconto não deve refletir a estrutura de capital da entidade, os riscos para os quais as futuras estimativas de fluxos de caixa foram ajustadas, nem a inflação projetada. Caso contrário, o efeito das premissas será levado em consideração em duplicidade.

Quando uma taxa não estiver diretamente disponível no mercado, a entidade deverá estimar a taxa de desconto considerando o valor temporal do dinheiro para os períodos até o fim da vida útil do ativo e os riscos de os fluxos de caixa futuros diferir em termos de valores e período das estimativas. Como ponto de partida, a entidade poderá considerar as seguintes taxas:

a. o custo médio ponderado de capital da entidade determinado pelo uso de técnicas específicas, tal como o Capital asset pricing model; e
b. a taxa de empréstimos obtidos pela entidade.

O valor recuperável de um ativo deve ser estimado para cada uma das unidades que geram caixa. Se não for possível estimar o valor recuperável de cada uma das unidades do ativo, a entidade deve determinar o valor recuperável da unidade geradora de caixa à qual o ativo pertence. Uma unidade geradora de caixa é o menor grupo de ativos que inclui o ativo em uso e que gera entradas de caixa que são, em grande parte, independentes das entradas de caixa provenientes de outros ativos ou grupos de ativos.

Considera-se que o valor recuperável de um ativo, individualmente, não pode ser determinado se:

a. o valor do ativo em uso, isoladamente, gera valores insignificantes de caixa, nitidamente desvinculados do que seria o valor de retorno do ativo no mercado; e
b. o ativo não gera entradas de caixa que possam ser em grande parte independentes daquelas provenientes de outros ativos. Nesses casos, o valor em uso, e, portanto, o valor recuperável, deverá ser determinado para a unidade considerada a geradora de caixa do grupo de ativos.

Se o valor recuperável do ativo for menor que o valor contábil, a diferença existente entre esses valores deve ser ajustada pela constituição de provisão para perdas, redutora dos ativos, em contrapartida ao resultado do período. No caso de ativos reavaliados, o montante da redução deve reverter uma reavaliação anterior, sendo debitado em reserva no patrimônio líquido. Caso essa reserva seja insuficiente, o excesso deverá ser contabilizado no resultado do período.

Após o reconhecimento da provisão para perdas, a despesa de depreciação, amortização e exaustão dos ativos desvalorizados deve ser calculada em períodos futuros pelo novo valor contábil apurado, ajustado ao período de sua vida útil remanescente.

A entidade deve avaliar na data de encerramento do período social se há alguma indicação, com base nas fontes externas e internas de informação, de que uma perda reconhecida em anos anteriores deva ser reduzida ou eliminada. Em caso positivo, a provisão constituída deve ser revertida total ou parcialmente a crédito do resultado do período, desde que anteriormente a ele debitada; nos casos em que tenha sido debitada a reserva de reavaliação, esta deverá ser recomposta. Não se aplica a reversão no caso de perda no ágio por expectativa de rentabilidade futura (*goodwill*).

A entidade deve divulgar as informações previstas, assim resumidas:

a. o valor da perda (reversão de perda) com desvalorizações reconhecidas no período, e eventuais reflexos em reservas de reavaliações;
b. os eventos e circunstâncias que levaram ao reconhecimento ou reversão da desvalorização;
c. relação dos itens que compõem a unidade geradora de caixa e uma descrição das razões que justifiquem a maneira como foi identificada a unidade geradora de caixa; e
d. se o valor recuperável é o valor líquido de venda, divulgar a base usada para determinar esse valor e, se o valor recuperável é o valor do ativo em uso, a taxa de desconto usada nessa estimativa.

5.3 Como tratar a provisão de abandono

O parágrafo 11 da norma IFRS 6 estabelece que, de acordo com a IAS 37 ("Provisões, passivos contingentes e ativos contingentes") "uma entidade reconhece quaisquer obrigações de remoção e restauração que sejam incorridas durante um período específico, como consequência de ter empreendido a exploração e avaliação de recursos minerais". Assim, tanto obrigações legais como obrigações construtivas vão gerar obrigações referentes ao abandono de ativos, que neste livro foi denominada simplesmente "provisão de abandono".

A provisão de abandono deverá ser avaliada com base na melhor estimativa dos custos exigidos para liquidar a obrigação de desmantelamento de um ativo de exploração e avaliação mineral. Além disso, a provisão de abandono deve ser ajustada ao valor presente com base em uma taxa de desconto capaz de refletir as avaliações de mercado em relação ao valor do dinheiro no tempo e aos riscos específicos da referida obrigação.

As obrigações referentes à constituição da provisão de abandono podem ser modificadas em virtude de revisões dos valores inicialmente estimados dos fluxos de caixa ou em virtude de mudanças na taxa de desconto, quando isso for realmente aplicável. No caso dos registros com base no custo, regra geral de avaliação, as variações na provisão de abandono oriundas das revisões de estimativa dos fluxos de caixa ou das mudanças na taxa de desconto são adicionadas ao custo do respectivo ativo ou dele deduzidas, e quando as reduções forem superiores ao valor contábil do ativo serão reconhecidas como ganho do período corrente.

Por fim, deve-se observar que variações na provisão de abandono em função da passagem do tempo devem ser registradas como despesa financeira.

Capítulo 6

Caso Petrobras

6.1 Introdução

Com o objetivo de conciliar suas práticas de contabilidade com as grandes empresas internacionais de petróleo, a Petrobras, a partir de 1999, alterou diversas de suas diretrizes contábeis, a saber: forma de contabilização dos planos de pensão e saúde, provisão para paradas programadas (grandes manutenções), ajuste ao valor de recuperação de itens do imobilizado com intenção de venda, ajuste ao valor de mercado de títulos negociáveis em mercado secundário e, especialmente, a adoção do método dos esforços bem-sucedidos para contabilização dos gastos com exploração e produção de óleo e gás. Sendo este último item o foco central do estudo de caso desenvolvido neste capítulo.

Assim, o objetivo deste capítulo é demonstrar o impacto da mudança das práticas contábeis, referentes à adoção do método dos esforços bem-sucedidos, especificamente no lucro da empresa no ano 1999. Além disso, pretende-se descrever as práticas contábeis mais relevantes empregadas de 1998 a 2000, com o fim de fazer uma análise mais completa da empresa e de realizar uma simulação com intuito de verificar como ficariam os lucros de 1998 a 2002, se não houvesse a mudança dos critérios contábeis relativos aos gastos com exploração e produção de petróleo.

6.2 Apresentação da empresa

A empresa Petróleo Brasileiro S.A. foi criada em 3 de outubro de 1953, através da Lei n. 2.004/53 para executar as atividades de exploração, produção, refino, importação e transporte marítimo ou por dutos, de petróleo e derivados no Brasil em nome da União Federal. A Petrobras é uma empresa de capital aberto, com ações negociadas em Bolsa de Valores.[1]

A Petrobras é um conglomerado econômico, possuindo participações em várias empresas, as quais são: Petrobras Distribuidora S/A – BR; Petrobras Transporte S/A – Transpetro; Petrobras Gás S/A – Gaspetro; Petrobras Química S/A – Petroquisa; Petrobras International Finance Company – PIFCo – Ilhas Cayman; e Petrobras Netherlands BV – Holanda.

Em 2009, a empresa atingiu um faturamento bruto de R$ 230 bilhões, e lucro líquido de R$ 28 bilhões. O patrimônio líquido totalizou R$ 159 bilhões, enquanto os ativos totais somam R$ 345 bilhões. O número de empregados em 2008 ultrapassou a marca de 70 mil pessoas.[2]

A produção de petróleo e gás natural em 2009 alcançou a marca de 2.526 barris/dia, e suas reservas são de 12,143 bilhões de barris de óleo equivalente (boe), pelo critério SEC (14,865 bilhões boe pelo critério ANP/SPE)

A Petrobras está entre as quatro maiores companhias de petróleo do mundo em valor de mercado (dados de 2008), segundo os princípios contábeis norte-americanos (veja o Quadro 6.1).

Quadro 6.1 – Ranking mundial das empresas de petróleo por valor de mercado

Ranking	Companhia	Valor
1	ExxonMobil	314.535
2	BHP Billiton	217.235
3	PetroChina	209.637
4	Petrobras	193.158
5	BP	179.852
6	Royal Dutch Shell	179.792
7	Chevron	149.482
8	Total	137.467
9	Gazprom	130.508
10	ENI	86.081

---

[1] A Petrobras é uma sociedade de economia mista vinculada ao Ministério de Minas e Energia, sendo a União Federal o acionista controlador.
[2] www.petrobras.com.br – Acesso em: mar. 2009.

Quadro 6.1 – Ranking mundial das empresas de petróleo por valor de mercado (continuação)

Ranking	Companhia	Valor
11	GDF SUEZ	85.027
12	Rosneft	76.012
13	ConocoPhillips	75.858
14	Statoil ASA	73.963
15	CNOOC	73.669
16	Sinopec	70.825
17	Occidental	66.361
18	BG Group 5	8.741
19	Lukoil (US GAAP)	53.085
20	Suncor	45.772
21	Canadian Natural Resources	37.086
22	Anadarko Petroleum	34.184
23	Apache Corp.	33.075
24	Imperial Oil	31.194
25	Repsol-YPF	29.902

Fonte: www.evaluateenergy.com – Acesso: em mar. 2009.

6.3 Breve descrição do período de análise

Exploração e produção

O ano de 1998 foi um marco na evolução das atividades de exploração e produção de petróleo da Petrobras. Com a promulgação da Lei n. 9.478/97, a Agência Nacional de Petróleo (ANP) concedeu à empresa 397 concessões distribuídas em blocos exploratórios. Como consequência dos índices de sucesso exploratório (31% em terra e 25% em mar), as reservas provadas passaram a 8,8 bilhões de boe, representando um crescimento de 3,5%. Em 31 de dezembro de 1998, a Petrobras estabeleceu um novo recorde na produção de petróleo no país, atingindo a marca de 1.222.228 barris de óleo por dia.

O ano de 1999 apresentou um novo ambiente na indústria petrolífera no Brasil. O fato relevante do período foi a participação da Petrobras na primeira licitação de concessão de blocos exploratórios no país. Das sete propostas apresentadas, individual ou em conjunto com outras companhias, obteve a concessão em cinco delas. Foram descobertos dez campos de óleo e gás natural, destacando-se a descoberta, na Bacia de Santos, de uma reserva contendo volumes potenciais recuperáveis estimados em 720 milhões de boe, e a excelente qualidade do óleo (35° API). As reservas provadas passaram a 9,5 bilhões de boe, representando um crescimento de 8%. As atividades de exploração e produção no exterior foram ampliadas resultando em um aumento da produção total de óleo e gás em 37,3%, atingindo a média diária de 74.668 boe.

No ano de 2000, a Petrobras consolidou sua posição no novo cenário petrolífero brasileiro. A companhia atingiu a marca de 1.531,4 barris por dia (bpd) de óleo, líquido de gás natural e condensado. A empresa abriu uma nova fronteira exploratória ao descobrir uma acumulação de óleo de excelente qualidade (35° API), a uma profundidade de 2.243 metros, na Bacia de Campos. Sendo assim, a empresa passou a ter no Brasil reservas provadas de óleo e gás natural de 9,65 bilhões de boe.

Corporativo

Em 1999 a Petrobras finalizou o processo de unificação da contabilidade das empresas que compõe o Sistema Petrobras (*holding* Petrobras, BR Distribuidora, Braspetro – incorporada a *holding* em 2000, e *holding* Petroquisa), adotando práticas contábeis internacionais do setor, como o *successful efforts method*.

Em agosto de 2000 a SEC autorizou a Petrobras a negociar suas ações na Bolsa de Nova York (NYSE) através de ADR's nível 3, que possibilitou o processo de venda, no Brasil e no exterior, do bloco de ações excedentes ao controle que a União detém na companhia, ofertando-os, nas bolsas de São Paulo (BOVESPA) e Nova York (NYSE), aos investidores nacionais e estrangeiros.

6.4 Descrição e análise dos dados

Serão analisados os dados referentes aos gastos em exploração e produção que se refletem no ativo imobilizado e na demonstração do resultado do exercício, e foram extraídos dos relatórios anuais de 1998, 1999 e 2000. Cabe ressaltar que os itens que serão analisados nesta obra não foram objeto de ressalva por parte dos auditores independentes.[3]

---

[3] Os itens ressalvados pela auditoria externa referem-se a contrapartida da provisão para ajuste a valor de mercado dos navios transferidos para a Transpetro, dos títulos securitizáveis negociados no mercado secundário, e do compromisso atuarial da companhia relativo aos empregados existentes antes da constituição da PETROS – fundo de pensão dos empregados da Petrobras (lucros acumulados ao invés de resultado do exercício). (Petróleo Brasileiro S.A – Demonstrações contábeis, 1999, p. 11).

6.4.1 Notas explicativas

Primeiramente, serão apresentadas transcrições das notas explicativas referentes às principais diretrizes contábeis relacionadas ao imobilizado e aos gastos com prospecção e extração de óleo e gás, extraídos dos relatórios contábeis da companhia. Logo após, serão feitos comentários a respeito desses dados.

a. **Práticas contábeis**

Ano de 1998:
Custos com prospecção e perfuração para extração de petróleo no país (...)
A PETROBRAS adota o procedimento conservador de considerar como despesa do exercício todos os gastos incorridos nas fases de pesquisa, prospecção e perfuração para extração de petróleo no país, independentemente do sucesso de comercialização das reservas encontradas.
Permanente
(...)
(ii) Imobilizado
Depreciação do imobilizado, pelo método linear, a taxas que levam em consideração a vida útil dos bens (nota 8), que é absorvida, principalmente, no custeio da produção de petróleo e de derivados ou diretamente no resultado do exercício, conforme aplicável.
(iii) Diferido – Custos com investimentos em exploração e produção no exterior
Os recursos transferidos pela BRASPETRO para as sucursais no exterior, bem como aqueles aplicados diretamente em empreendimentos exploratórios e as despesas gerais e administrativas relacionadas, e a maior parte dos recursos aplicados pelas suas controladas, são capitalizados como investimentos em exploração e produção de petróleo e gás no exterior (full cost method) ajustados, quando aplicável, ao seu valor de realização. Conservadoramente, é constituída provisão para cobertura de risco, equivalente ao total ou parte dos custos incorridos nos países cuja exploração encontra-se em andamento, até que os resultados operacionais indiquem perspectivas de existência de petróleo e/ou gás em quantidades exploráveis, quando então o correspondente valor da provisão é revertido a resultado. (...) os gastos que foram capitalizados para exploração e desenvolvimento das reservas de petróleo, (...) estão registrados no ativo diferido (...).
A taxa de amortização desses investimentos é calculada em função da produção acumulada no ano e de sua relação com a capacidade conhecida das jazidas no início do ano. A base de cálculo da amortização inclui, além dos custos capitalizados, líquidos da respectiva amortização, os gastos futuros estimados para desenvolver

as reservas e para abandono ou desmobilização das áreas produtivas. O valor da amortização é reconhecido como componente do custo de produção do petróleo e levado ao resultado no momento de sua realização, como custo das vendas (Petróleo Brasileiro S/A – Demonstrações Contábeis, 1998. p. 15-16).

Ano de 1999:
(a) Alterações de práticas contábeis
(...) A seguir, são destacadas as práticas contábeis alteradas:
(i) Gastos com prospecção e perfuração para extração de óleo e gás e provisão de custo com abandono de poços e desmantelamento de áreas
Até 31 de dezembro de 1998, a PETROBRAS, conservadoramente, registrava no resultado do exercício em que eram incorridos os gastos com prospecção e perfuração para extração de petróleo, independentemente do sucesso comercial do empreendimento.

O novo tratamento contábil na capitalização dos gastos identificados com campos produtores de petróleo e gás economicamente viáveis (teste efetuado com base no preço do petróleo em 31 de dezembro), aplicando-se o método dos esforços bem-sucedidos (successful efforts) e, também, a constituição de provisão para os respectivos gastos com futuro abandono de poços (nota 8). Esse método foi aplicado de forma retroativa ao início das operações da companhia. A depreciação destes ativos é calculada de acordo com o volume de produção mensal em relação às reservas provadas e desenvolvidas de cada campo produtor. Permanecem sendo registrados no resultado do exercício os gastos com geologia e geofísica e os gastos com exploração de poços sem sucesso, quando identificados como tal.

Adicionalmente, os equipamentos e instalações relacionados com a produção de óleo e gás, cuja vida útil é compatível com o prazo de produção do campo, passaram a ser depreciados, a partir de 1° de janeiro de 1999, de acordo com o volume de produção mensal em relação às reservas provadas e desenvolvidas de cada campo produtor. Até 31 de dezembro de 1998, esses bens eram depreciados pelo método da linha reta.

A subsidiária PETROBRAS INTERNACIONAL S/A – BRASPETRO vinha adotando o procedimento de capitalizar no ativo diferido esses gastos utilizando o método dos custos totais (full cost). Visando à uniformidade de critérios contábeis no sistema PETROBRAS, a BRASPETRO e suas controladas ajustaram o saldo dos gastos capitalizados para o método dos esforços bem-sucedidos retroativamente ao início da operação nas referidas empresas e passaram a capitalizá-los no imobilizado de forma semelhante com a sua controladora.

(d) Permanente
(ii) Imobilizado
Depreciação do imobilizado pelo método das unidades produzidas (bens e gastos relacionados com a produção de óleo e gás, cuja vida útil é compatível com o prazo

de produção do campo) e pelo método linear (demais bens), a taxas que levam em consideração a vida útil dos bens (nota 8), que é absorvida, principalmente, no custeio da produção de petróleo e de derivados ou diretamente no resultado do exercício, conforme aplicável (Petróleo Brasileiro S/A – Demonstrações Contábeis, 1999, p. 21-24).

Ano de 2000:
(c) Permanente
(...)
(ii) Imobilizado
Depreciação do imobilizado pelo método das unidades produzidas (bens e gastos relacionados com a produção de petróleo e gás, cuja vida útil é compatível com o prazo de produção do campo) e pelo método linear (demais bens), a taxas que levam em consideração a vida útil dos bens (nota 8), que é absorvida, principalmente, no custeio da produção de petróleo e de derivados ou diretamente no resultado do exercício, conforme aplicável (Petróleo Brasileiro S/A – Demonstrações Contábeis, 2000. p. 25).

Comentários

Em 1998, não havia uniformidade de práticas contábeis entre as empresas do sistema Petrobras, pelo menos no que tange ao tratamento dos gastos de exploração e produção de óleo e gás. A subsidiária Braspetro utilizava um método similar ao do custo total, capitalizando todos os gastos com exploração de óleo e gás, sejam as atividades bem ou malsucedidas. No entanto, diferentemente do que prega a literatura estrangeira, a Braspetro, ao invés de registrar esses gastos no imobilizado, registrava-os no diferido constituindo uma provisão para ajuste a valor de realização. Enquanto a Petrobras registrava como despesa do exercício todos os gastos relativos à exploração e produção de petróleo, independentemente de serem bem ou malsucedidos, ou seja, a empresa utilizava o método *expenses*.[4]

O método linear era utilizado para se calcular a depreciação de todos os equipamentos, utilizados ou não na produção de óleo e gás, considerando a vida útil destes bens. A relação entre as reservas provadas desenvolvidas e a produção no ano somente era utilizada para amortizar os gastos em exploração e produção de petróleo registrados no diferido da Braspetro. Essa amortização compunha o custo do óleo e do gás vendidos.

---

[4] Para aprofundamento sobre este método contábil, consultar De Alencar (1998).

Em 1999, a Petrobras altera e uniformiza suas práticas contábeis para as demais empresas do grupo e passa a utilizar o método dos esforços bem-sucedidos, harmonizando-se assim com as demais empresas congêneres internacionais.

A produção da reserva passou a ser a base de cálculo da depreciação dos equipamentos relacionados à produção de óleo e gás, caso sua vida útil seja compatível com o prazo de produção do campo. Os gastos capitalizados de exploração e produção (a exceção dos relacionados às atividades de geologia e geofísica que são registrados como despesas quando incorridos) são esgotados (depletados) conforme a produção do campo à qual são relacionados.

Os gastos em exploração e produção feitos pela Braspetro foram ajustados para seguir o método dos esforços bem-sucedidos e reclassificados do diferido para o imobilizado, uniformizando-se assim com a sua controladora (Petrobras).

O ponto de destaque é que os saldos referentes aos gastos com exploração e produção, e a depreciação dos equipamentos, utilizados nessas atividades, foram ajustados retroativamente ao início da operação da companhia.

No ano 2000, a descrição do tratamento dos gastos em exploração e produção de petróleo não se encontrava na nota referente às principais diretrizes contábeis, passando a ser evidenciados na nota 8 (imobilizado) das demonstrações contábeis. Não há alterações nas práticas inerentes a capitalização desses gastos, a não ser pela incorporação pela empresa, em suas diretrizes contábeis, das orientações emanadas do SFAS 121 (deterioração de ativos de longo prazo – *impairment*). A partir deste ano, os custos capitalizados e bens vinculados à exploração e produção de petróleo, líquidos de provisão para futuro abandono de poços e desmantelamento de áreas passaram a ser revistos para a identificação de possíveis perdas na recuperação desses ativos, com base no fluxo de caixa futuro estimado.

Resumindo, em 1998 a Petrobras e suas subsidiárias (com destaque para a Braspetro – responsável pelas atividades de exploração e produção de petróleo no exterior) não possuíam práticas contábeis uniformes, em alguns casos o tratamento contábil não obedecia às orientações específicas do setor recomendada pela literatura internacional. Em 1999, essas empresas uniformizam suas práticas contábeis e ajustam os saldos de suas contas retroativamente ao início de suas operações, adotando o método dos esforços bem-sucedidos, e colocando-se em condições de comparabilidade com as demais empresas congêneres no mundo. Seguindo a linha de convergência com as práticas contábeis internacionais, em 2000 começa a ser utilizado o teste de *impairment* para se identificar possíveis perdas na recuperação dos ativos relacionados à exploração e produção de óleo e gás.

b. Imobilizado

Agora serão apresentados dados referentes aos gastos em exploração e produção de óleo e gás, cujo reflexo se dá no imobilizado da companhia, seu tratamento contábil e os reflexos no resultado no período de análise. Por fim são feitos comentários sobre esses dados.

O Quadro 6.2 apresenta um resumo dos dados constantes nas notas explicativas referentes ao imobilizado da empresa, pertencente à área de exploração e produção, no período de análise; enquanto o Quadro 6.3 demonstra as parcelas de depreciação e amortização lançadas diretamente no resultado e absorvidas no custeio da produção.

Quadro 6.2 – Resumo do imobilizado de E&P da Petrobras entre 1998 e 2000.

Imobilizado da área de E&P (em milhares de reais)				
Itens/Anos	1998	1999	2000	Variação
Custo	n/d	35.683.806	37.250.438	4,39%
Depreciação acumulada	n/d	(28.262.948)	(28.647.944)	1,36%
Líquido	3,753,686	7.420.858	8.602.494	15,92%

Fonte: Demonstrações financeiras de 1999 (p. 75) e 2000 (p. 103).

Quadro 6.3 – Resumo da apropriação da depreciação e da amortização entre 1998 e 2000.

Apropriação da depreciação e amortização (em milhares de reais)			
	1998	1999	2000
Parcela absorvida no custeio:			
De bens	n/d	1.127.951	1.114.064
De gastos de exploração e produção	n/d	709.372	749.060
Provisão para abandono de poços	n/d	983.188	368.027
	1.247.960	2.820.511	2.231.151
Parcela registrada diretamente no resultado	50.026	119.089	119.313
	1.297.986	2.939.600	2.350.464

Fonte: Extraído das demonstrações financeiras da Petrobras de 2000 (p. 36).

Ano de 1998:

A depreciação e amortização do exercício totalizaram (...) R$ 1.297.986 na controladora (...). Desse valor, foi absorvida no custeio das atividades operacionais a parcela de (...) R$ 1.247.960 (...) e diretamente no resultado a parcela restante de (...) R$ 50.026 (...).

Ano de 1999:

Os equipamentos e instalações relacionados com a produção de óleo e gás passaram a ser depreciados, a partir de 1999, de acordo com o volume de produção mensal em relação às reservas provadas e desenvolvidas de cada campo produtor. Essa mudança acarretou redução da depreciação, em 1999, de R$ 77.456. Para os ativos cuja vida útil é menor do que a vida do campo, é utilizado o método da linha reta. Outros equipamentos e ativos não relacionados com a produção de óleo e gás são depreciados, de acordo com a sua vida útil estimada.

A depreciação e amortização do exercício totalizaram (...) R$ 1.259.177 na controladora ((...) R$ 1.297.986, respectivamente em 1998). Desse valor, foi absorvida no custeio das atividades operacionais a parcela de (...) R$ 1.140.088 ((...) R$ 1.247.960 em 1998) e diretamente no resultado a parcela restante de (...) R$ 119.089 ((...) R$ 50.026 em 1998), respectivamente.

Ano de 2000:

Os equipamentos e instalações relacionados com a produção de petróleo e gás são depreciados de acordo com o volume de produção mensal em relação às reservas provadas e desenvolvidas de cada campo produtor. Para os ativos, cuja vida útil é menor do que a vida do campo, é utilizado o método da linha reta. Outros equipamentos e ativos não relacionados com a produção de petróleo e gás são depreciados de acordo com a sua vida útil estimada.

Comentários

Ao observar o Quadro 6.2, pode-se perceber um aumento de aproximadamente 98% (de R$ 3.753.686,00 para R$ 7.420.858,00) no valor do imobilizado líquido, do ano de 1998 para 1999, pertencente a área de exploração de produção. Isso foi reflexo das adições decorrentes das incorporações de equipamentos e outros bens, dos gastos capitalizados de exploração e produção de óleo e gás no exercício de 1999 e, principalmente, da capitalização dos gastos exploratórios bem-sucedidos retroativos a exercício anteriores, referentes à adoção do método dos esforços bem-sucedidos no ano 1999.

Os números do Quadro 6.3 relacionam-se ao imobilizado total da companhia, em que a parcela da depreciação incluída no custeio das atividades é composta por bens da área de exploração e produção, abastecimento (que inclui o refino) e outros, e a influência da mudança das práticas nos números de depreciação/amortização, entre 1998 e 1999, é percebida pelo aumento de aproximadamente 126% na depreciação/amortização anual. Já que, a partir de 1999, a parcela referente à amortização dos gastos em exploração e produção e a provisão para abandono de poços passaram a ser absorvidas no custeio das atividades, a não utilização dos esforços bem-sucedidos acarretava um subcusteio dos produtos.

6.4.1.1 Gastos com exploração e desenvolvimento da produção de petróleo e gás

Os Quadros 6.4 e 6.5 apresentam a apropriação dos gastos capitalizados das atividades de exploração e produção de petróleo e uma composição dos saldos desses gastos, respectivamente. Em seguida, serão transcritos trechos das notas explicativas referentes a este item. Por fim, serão feitos comentários sobre esses dados.

Quadro 6.4 – Registro contábil dos gastos com E&P entre 1998 e 2002.

Ano	Resultado (DRE)	Capitalizados (DOAR)	(em milhares R$) Total
1998	1.064	0	1.064
1999	439	1.055	1.494
2000	1.004	2.309	3.313
2001	877	2.680	3.557
2002	1.143	4.177	5.320

Fonte: Relatórios anuais da Petrobras de 1999 (p. 8) e 2000 (p. 10).

Quadro 6.5 – Resumo dos saldos dos gastos com E&P entre 1998 e 2000.

	1998	1999	2000
Gastos capitalizados	n/d	22.097.213	22.575.447
Depreciação acumulada	n/d	(16.326.947)	(16.000.264)
Provisão para abandono	n/d	(2.637.232)	(3.002.069)
Líquido		3.133.034	3.573.114

Fonte: Relatório anual da Petrobras de 2000 (p. 98).

Ano de 1999:

Os gastos com exploração e produção de petróleo e gás são registrados de acordo com o método dos esforços bem-sucedidos (*Successful efforts*). (...) Os custos capitalizados são depreciados, utilizando-se o método das unidades produzidas em relação às reservas provadas e desenvolvidas. (...)

Os custos para futuro abandono e desmantelamento das áreas de produção são estimados e provisionados ao longo da vida produtiva do campo, de forma a estarem totalmente constituídos ao fim da produção da reserva. (...) Essa provisão é incluída na depreciação, sendo apresentada como redutora dos ativos capitalizados.

Os custos capitalizados e bens vinculados são revisados anualmente, campo a campo, para identificação de possíveis perdas na recuperação, com base no fluxo de caixa futuro estimado.

A depreciação dos gastos com exploração e produção de petróleo e gás e a provisão para abandono de poços relativos ao exercício findo em 31 de dezembro de 1999 foram de, respectivamente, (...) R$ 709.372 e R$ 983.188, na controladora, sendo integralmente absorvidos no custeio da produção de petróleo e gás.[5]

Ano de 2000:

Os gastos em exploração e desenvolvimento da produção de petróleo e gás são registrados de acordo com o método dos esforços bem-sucedidos (*successful efforts*). (...) os custos capitalizados são depreciados utilizando-se o método das unidades produzidas em relação às reservas provadas e desenvolvidas. (...)

Os custos para futuro abandono e desmantelamento das áreas de produção são estimados e provisionados ao longo da vida produtiva do campo, de forma a estarem totalmente constituídos ao fim da produção da reserva. Essa provisão é incluída na depreciação, sendo apresentada como redutora dos ativos capitalizados.

Os custos capitalizados e bens vinculados, líquidos de provisão para futuro abandono, são revisados anualmente, campo a campo, para identificação de possíveis perdas na recuperação, com base no fluxo de caixa futuro estimado. Para o exercício de 2000, o teste de perdas na recuperação de investimentos em campos resultou em baixas no montante de R$ 33 milhões (...) na controladora, classificados no resultado do exercício na conta custos exploratórios para extração de petróleo e gás.[6]

Comentários

Observando o Quadro 6.4 e manipulando seus dados, pode-se perceber que os gastos em exploração e produção de óleo e gás cresceram significativamente de 1998 para 2000 (211%). Com a adoção do método dos esforços bem-sucedidos, esses gastos deixaram de onerar o resultado do período imediatamente, ou seja, quando incorridos. Isso se deve ao fato de que existe um período de tempo entre o início da exploração por reservas de petróleo e a fase de desenvolvimento da produção, no caso de ter sido encontrada uma reserva provada. Caso o poço seja considerado seco (não comercial), esses gastos irão para o resultado do exercício. No entanto, como mencionado anteriormente,

---

[5] Petróleo Brasileiro S/A – Demonstrações Contábeis, 1999. p. 32-33.
[6] Petróleo Brasileiro S/A – Demonstrações Contábeis, 2000. p. 35-36.

isso não é imediato, primeiramente os gastos são capitalizados, para que depois seja definido o seu destino, se será considerado despesa ou se continua como ativo.

Para fins de publicação, os gastos capitalizados com exploração e produção de petróleo são evidenciados líquidos da amortização acumulada e da provisão com abandono de poços e desmantelamento de áreas (Quadro 6.5). Até 2001 esses custos eram constituídos ao longo da vida produtiva do campo (despesa contra um passivo), seguindo as diretrizes do SFAS 19. A partir de 2002, a empresa adota o SFAS 143, que determina que os custos com abandono de poços e desmantelamento de áreas sejam constituídos tão logo possam ser estimados e devem ser acrescidos ao custo do ativo ao qual estão relacionados.

Desse modo, calcula-se o valor presente líquido do montante estimado de gastos futuros com o desmantelamento e abandono da área, utilizando-se uma taxa livre de risco (geralmente poupança ou título governamental) ajustada ao risco de crédito da companhia. O montante apurado do valor presente dos gastos futuros é acrescentado ao ativo principal (os gastos capitalizados da descoberta do campo ou reserva) com contrapartida no passivo através de uma provisão. O valor presente dos gastos futuros registrados no ativo sofre a depleção com o valor do ativo principal, ao qual está relacionado. A provisão é ajustada anualmente, decorrente da passagem do tempo, mudança do valor da taxa, e das estimativas com os gastos futuros de abandono. O ajuste da provisão é registrado no resultado do exercício.[7]

O valor da perda na recuperação do custo de ativos ligados à exploração e à produção, com base no fluxo de caixa futuro estimado, está incluído na rubrica "custos exploratórios para extração de petróleo e gás" no resultado do exercício. Atualmente as diretrizes seguidas eram as emanadas pelo SFAS 121.

6.4.2 Efeitos das mudanças nas demonstrações financeiras da companhia

Nesta seção, serão apresentados os efeitos na contabilidade da companhia decorrentes das mudanças das práticas contábeis. Isso será feito por meio da análise das informações contidas nas notas explicativas e com o auxílio de relatórios internos da empresa e de informações extraídas de entrevistas feitas com funcionários do setor de contabilidade da Petrobras.

---

[7] Fonte: SFAS 143 (2001, p. 9) e entrevista realizada em 10 de janeiro de 2004, com o gerente Carlos Alberto Siqueira Gomes (Contabilidade/OP/CONGER).

Os Quadros 6.6 e 6.7 apresentam um resumo dos efeitos das alterações das práticas contábeis na demonstração do resultado do exercício e no balanço patrimonial, respectivamente. Em seguida serão feitos comentários, de forma descritiva, referentes aos itens em destaque nesses quadros.

Quadro 6.6 – Resumo dos efeitos das alterações de práticas contábeis na demonstração de resultado

	Controladora
Custo dos produtos vendidos e dos serviços prestados	(1.022.715)
Despesas/receitas operacionais	(111.570)
Custos com prospecção e perfuração para extração de petróleo no país	846.598 (a)
Resultado de partic. em investimentos relevantes	(187.288)
Imposto de renda	(428.491) (b)
Lucro líquido do exercício	(1.750.064)

Fonte: Adaptado das demonstrações contábeis da Petrobras de 1999 (p. 23).

Quadro 6.7 – Resumo dos efeitos das alterações das práticas contábeis no balanço patrimonial

	Controladora
Ativo	
Circulante	(59.199)
Realizável em longo prazo	2.725.628
Permanente	1.261.691
Participações em controladas	(561.254)
Imobilizado	2.134.983 (c)
Diferido	(312.038)
	3.928.120
Passivo	
Circulante	535.951
Exigível em longo prazo	9.947.672
Patrimônio líquido	(6.555.503)
Lucros acumulados	(4.805.439) (b)
Lucro líquido do exercício	(1.750.064)
	3.928.120

Fonte: Adaptado das demonstrações contábeis da Petrobras de 1999 (p. 22).

Foram evidenciados anteriormente, de forma sintética, os itens impactados pela alteração das práticas contábeis, com reflexo no balanço patrimonial e na demonstração de resultado da Petrobras. Os itens assinalados serão detalhados mais adiante, até mesmo com cruzamento das informações contidas nas notas explicativas da empresa com os relatórios internos da companhia focando os gastos com exploração e produção de petróleo que é o tema central do estudo.

6.4.2.1 Análise descritiva dos efeitos das alterações de práticas contábeis

Os Quadros 6.6 e 6.7 são complementares, o primeiro evidencia os itens que impactaram o lucro de 1999, que em seguida passam a compor, com outros itens, um resumo com os efeitos nas linhas do balanço patrimonial.

O item (a) assinalado no Quadro 6.6 refere-se à correção dos saldos de anos anteriores, de gastos com exploração e produção, com efeitos no exercício de 1999. Uma vez que o ajuste dos saldos de todas as contas envolvidas foi feito retroativamente ao início da operação da companhia, os saldos das contas em 1999 (até o mês de setembro deste ano) tiveram de ser ajustados, acarretando esse efeito no resultado corrente.[8]

Contudo, ao se analisar a demonstração de resultado (DRE) publicada pela companhia, não foi possível identificar esse número na rubrica "custos com prospecção e perfuração para extração de petróleo no país", ou seja, não foi possível identificar de forma destacada na DRE esse valor referente à alteração das práticas contábeis, uma vez que encontra-se assinalado o valor de R$ –439.162,00 (Quadro 6.4), que corresponde ao montante gasto em atividades de geologia e geofísica e com a exploração de poços identificados como sem sucesso comercial.[9]

O item (b) representa dois itens – na DRE: "Imposto de renda" (Quadro 6.2), e no balanço patrimonial: "Lucros acumulados" (Quadro 6.7). Para entender a relação entre esses dois números, deve-se primeiro observar o Quadro 6.8.

---

[8] Informação obtida com o Consultor Lincoln Guedes Alcoforado (Contabilidade da Petrobras) durante entrevista concedida em 17 de fevereiro de 2004.
[9] Ver relatório demonstrações contábeis da Petrobras de 1998, p. 6.

Quadro 6.8 – Ajustes de exercícios anteriores

	Controladora
Gastos com prospecção e perfuração para extração de óleo e gás	5.646.031
Custo com abandono de poços e desmantelamento de áreas	(1.654.044)
Perdas sobre navios	(1.128.685)
Efeito líquido no imobilizado	2.863.302 (c)
Outros	(7.668.741)
Provisão para IR/CSLL diferidos – Deliberação CVM n. 273/98	(255.388) (b)
	(5.060.827)

Fonte: Demonstrações contábeis da Petrobras de 1999 (p. 38).

O Quadro 6.8 demonstra os itens cujos efeitos das alterações das práticas contábeis impactaram o patrimônio líquido da companhia por se tratarem de ajustes de exercícios anteriores. Em tese, o valor total (R$ –5.060.827,00) deveria ser igual ao que consta da linha "Lucros acumulados" no Quadro 6.7 (R$ –4.805.439), o que não acontece. A diferença entre os dois valores é exatamente igual à provisão para IR/CSLL diferidos (R$ –255.388,00), conforme demonstrado no Quadro 6.8. Ao se analisar a demonstração das mutações do patrimônio líquido (DMPL) publicada junto as demais, o valor referente ao ajuste de exercícios anteriores é o mesmo evidenciado no Quadro 6.8, que representa a nota explicativa 14 – Patrimônio líquido – item c: ajuste de exercícios anteriores (R$ –5.060.827,00).

Em entrevista com o consultor do setor da contabilidade responsável pela análise dos números e elaboração dos demonstrativos, este afirmou que possivelmente tal valor (R$ –255.388,00) encontra-se compondo o valor de R$ –428.491,00, na linha de "Lucros acumulados" no Quadro 6.6.[10]

O valor de R$ 2.134.983,00 representa o efeito líquido no imobilizado da empresa e se refere às imobilizações dos gastos bem-sucedidos de exploração e produção de óleo e gás, líquidos da provisão de abandono de poços e desmantelamento de áreas (retroativo ao início de operação da empresa) e da provisão para ajuste ao valor de mercado dos navios transferidos para a Transpetro.

Os itens descritos no parágrafo anterior, à exceção do efeito líquido no imobilizado, podem ser observados no Quadro 6.8. Ao se efetuar a subtração desses itens, chega-se ao valor de R$ 2.863.302,00, uma diferença de

---

[10] Informação obtida com o consultor Lincoln Guedes Alcoforado (Contabilidade da Petrobras) durante entrevista concedida em 17 de fevereiro de 2004.

R$ 728.319,00 em relação ao número, evidenciado nos demonstrativos contábeis publicados pela companhia (R$ 2.134.983,00).

Utilizando-se do auxílio de relatórios contábeis internos da companhia e de entrevista com profissional da área, não foi possível a identificação dessa diferença, se relativa à depreciação/amortização do período, se o valor evidenciado na nota explicativa já se encontra líquido de efeitos fiscais, ou se esta diferença decorre da soma destes dois eventos já citados.

Em relação ao foco central deste estudo, o tratamento contábil dos gastos em exploração e produção, foi necessário uma pesquisa para se levantar os dados contábeis de aproximadamente 50 anos de atividades com a dificuldade adicional de atualizar monetariamente os valores dos registros contábeis. Uma vez identificados esses gastos, todos aqueles referentes a atividades bem-sucedidas, ou seja, que resultaram em descoberta de reservas provadas, foram reclassificados como ativos e tiveram sua amortização/depreciação calculada, bem como os possíveis efeitos fiscais.[11]

Deve-se ressaltar a importância do trabalho realizado, pois as alterações de práticas contábeis por si só representam um trabalho complexo, ainda mais, em relação a uma empresa da magnitude e complexidade de operações como a Petrobras. Assim, este estudo ganha proporções ainda maiores, levando em consideração o fato de que os ajustes foram retroativos ao início das operações da companhia.

6.4.3 Simulação dos dados contábeis

Nesta seção será feita uma simulação dos efeitos nos lucros líquidos de 1998 a 2002, caso a companhia não tivesse adotado o método dos esforços bem-sucedidos. Serão utilizadas informações disponíveis nos demonstrativos contábeis publicados pela companhia, porém, algumas simplificações serão feitas com o objetivo de facilitar a elaboração e o entendimento desses efeitos.

As informações, utilizadas nessa simulação serão extraídas das demonstrações de resultado (DRE) e das demonstrações de origens e aplicações de recursos (DOAR), de 1998 a 2002. Serão extraídos das demonstrações de origens e aplicações de recursos, os valores referentes aos gastos capitalizados com exploração e produção de petróleo, isto é, ou a atividade ainda está em andamento, ou já foi encontrada uma reserva provada. Esses valores referentes aos

---

[11] Informação obtida com o gerente Paulo Roberto Pereira da Costa (Contabilidade da Petrobras) durante entrevista concedida em 10 de março de 2004.

gastos com exploração e produção serão reclassificados como despesas, além disso, serão apurados os lucros líquidos.

Para melhor entendimento do estudo, os gastos capitalizados evidenciados na DOAR serão considerados decorrentes de atividades em andamento; de modo mais detalhado: será desconsiderada a conclusão dessas atividades, acarretando a reclassificação desses gastos no imobilizado da Companhia, tendo como consequência a não amortização desses gastos nos anos subsequentes, decorrente da produção das reservas. Outra simplificação é referente aos itens fiscais do período (IR/CSLL). Os valores referentes ao IR/CSLL (do período e diferidos) foram determinados através da aplicação de uma alíquota que expressa a relação entre os valores de IR/CSLL provisionados e o resultado antes da tributação/participação. O Quadro 6.9 demonstra o cálculo dessas alíquotas. Os demais itens das demonstrações de resultado permaneceram inalterados.

Quadro 6.9 – Cálculo das alíquotas de IR/CSLL

	1998	1999	2000	2001	2002
Resultado antes Tributação/Participações	1.514.735	2.112.003	14.283.641	14.078.104	13.413.715
Provisão para IR e Contribuição Social	(81.992)	(252.029)	(2.665.758)	(3.404.214)	(3.229.961)
IR Diferido	0	0	(1.268.513)	0	0
Alíquota IR/CSLL (%)	5%	12%	19%	24%	24%
Alíquota IR diferido (%)	–	–	9%	–	–

Fonte: Elaborado pelo autor.

Já o Quadro 6.10 apresenta a simulação dos efeitos da não mudança de prática nos resultados da Petrobras entre 1998 a 2002.

Quadro 6.10 – Simulação dos lucros entre 1998 e 2002

	1998	1999	2000	2001	2002
Receita Bruta de Vendas e/ou Serviços	25.901.269	36.654.037	57.196.072	68.342.118	82.334.499
Deduções da Receita Bruta	(10.072.009)	(9.772.616)	(12.568.415)	(19.249.211)	(26.014.094)
Receita Líquida de Vendas e/ou Serviços	15.829.260	26.881.421	44.627.657	49.092.907	56.320.405
Custo de Bens e/ou Serviços Vendidos	(12.160.658)	(17.545.438)	(25.686.488)	(29.613.058)	(35.215.221)
Resultado Bruto	3.668.602	9.335.983	18.941.169	19.479.849	21.105.184

Quadro 6.10 – Simulação dos lucros entre 1998 e 2002. (continuação)

	1998	1999	2000	2001	2002
Despesas/Receitas Operacionais		(7.281.812)	(4.634.475)	(5.142.459)	(7.933.061)
Com vendas	(309.550)	(691.311)	(900.224)	(1.666.047)	(1.955.133)
Gerais e administrativas	(717.647)	(677.096)	(865.372)	(1.236.894)	(1.449.046)
Financeiras	(472.005)	(993.887)	(41.196)	(511.982)	(534.149)
Outras receitas operacionais	0	0	0	0	0
Custos com prospecção e perfuração para extração de petróleo no país	(1.063.641)	(1.494.503)	(3.312.593)	(3.556.893)	(5.320.174)
Outras despesas operacionais	(1.007.550)	(5.419.219)	(3.076.219)	(3.381.413)	(5.052.885)
	(3.570.393)	(9.276.016)	(8.195.604)	(10.353.229)	(14.311.387)
Resultado da equivalência patrimonial	1.422.187	938.863	1.252.524	2.530.681	2.200.938
Resultado operacional	1.520.396	998.830	11.998.089	11.657.301	8.994.735
Resultado não operacional	(5.661)	57.832	(23.053)	(259.286)	241.592
Resultado antes Tributação/Participações	1.514.735	1.056.662	11.975.036	11.398.015	9.236.327
Provisão para IR e Contribuição Social	(81.992)	(126.799)	(2.275.257)	(2.735.524)	(2.216.718)
IR Diferido	0	0	(1.077.753)	0	0
Participações/Contribuições Estatutárias	0	(88.570)	(190.000)	(380.000)	(380.000)
Reversão dos juros sobre capital próprio	0	0	0	0	0
Lucro/Prejuízo do período	1.432.743	841.293	8.432.026	8.282.491	6.639.609

Fonte: Elaborado pelo autor.

Conforme mencionado anteriormente, se não houvesse a mudança para o método dos esforços bem-sucedidos, a Petrobras continuaria a registrar no resultado do exercício todos os gastos com exploração e produção de petróleo, independente do sucesso ou não da atividade, ou seja, achando ou não uma reserva provada.

Ressalta-se que os gastos com exploração e produção capitalizados não incluem equipamentos e outros bens, estes são capitalizados em outra conta, mas somente os gastos com materiais, serviços e depreciação de equipamentos utilizados nas atividades de exploração e desenvolvimento da produção.

A simulação causou impacto por causa da não mudança de critérios entre 1999 a 2002, uma vez que em 1998 o procedimento de considerar despesa os gastos com exploração e produção de petróleo já era utilizado. Sendo assim, o lucro líquido de 1998 permaneceu inalterado nessa simulação. As linhas da DRE que sofreram alterações nessa simulação foram:

i. "Custos com prospecção e perfuração para extração de petróleo no país": aos valores inicialmente registrados como despesas (1999 – R$ 439.162,00, 2000 – R$ 1.003.988,00, 2001 – R$ 876.804,00 e 2002 – R$ 1.142.786,00), foram acrescidos pelos gastos capitalizados evidenciados na DOAR (1999 – R$ 1.055.341,00, 2000 – R$ 2.308.605,00, 2001 – R$ 2.680.089,00 e 2002 – R$ 4.177.388,00);

ii. "Provisão para IR e Contribuição Social": foram calculadas alíquotas representando a relação entre os valores originais provisionados e os lucros antes da tributação/participações originais, de 1999 a 2002; aplicou-se essa alíquota aos novos valores de lucro antes da tributação/participações. Uma vez que os valores dos impostos envolvem uma série de premissas e uma base de cálculo própria, este procedimento foi utilizado tentando-se minimizar ou anular um possível impacto significativo nos novos números;

iii. "IR Diferido": procedimento semelhante ao utilizado no item (ii), em que se calculou uma alíquota representando a relação entre o valor original e o lucro antes da tributação/participações original e aplicou-se esta alíquota ao novo valor.

O Quadro 6.11 resume os efeitos, em termos porcentuais, nos lucros de 1998 a 2002 caso não houvesse a mudança de práticas contábeis.

Quadro 6.11 – Resumo dos impactos nos lucros de 1998 a 2002

(Em milhares de reais)	1998	1999	2000	2001	2002
Lucro líquido publicado	1.432.743	1.771.404	10.159.370	10.293.890	9.803.754
Lucro líquido simulado	1.432.743	841.293	8.432.026	8.282.491	6.639.609
Redução (%)	0,0%	−52,5%	−17,0%	−19,5%	−32,3%

Fonte: Elaborado pelo autor.

Torna-se possível perceber o significativo impacto no lucro líquido dos exercícios posteriores a 1998, caso não houvesse a mudança das práticas contábeis pela Petrobras, principalmente em 1999. Não é o objetivo deste estudo apresentar possíveis consequências de tal redução no lucro líquido da empresa, mas uma redução no cálculo e pagamento de dividendos talvez possa ser considerada, se não o principal, um dos principais impactos causados na avaliação dos usuários (analistas/investidores) de informações contábeis.

O alto porcentual de redução do lucro em 1999 (em relação aos outros anos) pode ser explicado pela relevância do valor do gasto em exploração e produção reclassificado para despesa (R$ 1.055.341,00), em relação ao lucro operacional deste mesmo ano antes da simulação (R$ 2.054.171,00) – 51,38%; em comparação, em 2000, a proporção equivale a 16,14% (R$ 2.308.605,00, para os gastos com exploração e produção reclassificados para despesa e R$ 14.306.694,00, para o lucro operacional antes da simulação), em 2001 temos 18,69% (R$ 2.680.086 mil e R$ 14.337.390,00), e em 2002 a proporção praticamente dobra, ficando em 31,71% (R$ 4.177.388,00 e R$ 13.172.123,00).

Levando-se em consideração que os gastos (investimentos) em exploração e produção não possuem relação com a receita operacional líquida, lucro operacional ou lucro líquido, mas, sim, com o planejamento estratégico da companhia, dependendo do volume de gastos realizados para exploração e desenvolvimento da produção das reservas de óleo e gás (independente do sucesso da empreitada), este poderia afetar de tal maneira o resultado da companhia em um ou mais períodos a ponto de, dependendo do porte da companhia, provocar prejuízos seguidos, caso se adote a metodologia de considerar todos esses gastos como despesas do período.

6.5 Comentários finais

Até 1998 a Petrobras registrava de maneira demasiadamente conservadora todos os gastos relativos às atividades de exploração e produção de óleo e gás como despesa do exercício, independente do sucesso do empreendimento. Essa metodologia de tratamento desses gastos é conhecida como método *expenses*.

A partir de 1999 a Petrobras efetuou diversos ajustes nas suas demonstrações contábeis com o objetivo de proporcionar informações mais claras ao mercado, de permitir melhor comparabilidade com as empresas congêneres internacionais, maior transparência de sua posição patrimonial e menor diferença por meio dessas mesmas demonstrações. Estas passaram a ser elaboradas conforme os princípios contábeis norte-americanos em virtude do interesse em implementar um programa avançado de ADR, que exige registro na Securities and Exchange Commission (SEC).

Diversos ajustes foram realizados, sendo os de interesse deste estudo a adoção do método dos esforços bem-sucedidos. Este refere-se à ativação dos gastos com exploração e produção de óleo e gás somente no caso de empreendimentos que resultem em descoberta de reservas provadas de petróleo e ao reconhecimento de gastos futuros com abandono de poços e desmantelamento de áreas, o qual se provisiona ao longo do tempo de produção da reserva (onerando assim o custo do petróleo produzido) os gastos que serão incorridos no futuro para a recuperação ambiental de áreas de extração de petróleo.[12]

Como consequência da adoção do método citado, a metodologia e as taxas de depreciação também sofreram alterações. Os equipamentos utilizados na produção de óleo e gás passaram a ser depreciados conforme a produção da reserva, caso suas vidas úteis sejam compatíveis com o seu prazo de produção (método das unidades produzidas). Para aqueles que possuem uma vida útil menor que o tempo de produção do campo e para todos os demais bens, o método linear continuou a ser utilizado, porém, as taxas de depreciação passaram a ser calculadas com base na vida útil do equipamento e não mais as recomendadas pela Secretaria da Receita Federal.

Seguindo pareceres emitidos por pessoa de renome na contabilidade brasileira e pela consultoria externa que prestava serviços à empresa na época (PriceWaterhouseCoopers), com a anuência da Comissão de Valores Mobiliários (CVM), a Petrobras efetuou tais ajustes de forma retroativa ao início de suas operações, e os impactos por eles causados foram amplamente divulgados ao mercado[13] e evidenciados nos seus demonstrativos contábeis.

Ressalta-se o vulto do trabalho realizado, a saber: levantamento e/ou estimativa de dados contábeis de aproximadamente 50 anos de operações, conversão destes valores à moeda corrente, ajuste dos saldos de todas as contas contábeis envolvidas, entre outras atividades, bem como seu prazo de realização.

---

[12] Este procedimento foi modificado, em 2001, pelo SFAS 143 ("Contabilização de obrigações por baixa de ativos"). De acordo com este pronunciamento, os gastos futuros são adicionados ao custo do ativo petrolífero e recuperado com ele, através de sua depleção, que compõe o custo do óleo produzido.

[13] Ver por exemplo: *Folha de S.Paulo*, São Paulo, p. 2-3, 18 out. 1999; e *Gazeta Mercantil*, São Paulo, p. C1, C8, 18 out. 1999.

Assim, mais uma vez é necessário considerar o esforço da companhia em dar maior transparência aos seus números e operações, em mostrar-se, em termos contábeis, bem mais comparável e compatível às demais empresas do setor no mundo e, principalmente (academicamente falando), em utilizar-se do que é mais refinado no tocante à boa técnica contábil aplicável a esse setor produtivo.

Referências bibliográficas

BRASIL. Ministério de Minas e Energia. Agência Nacional de Petróleo (ANP). Portaria n. 10/99. Rio de Janeiro, 13 jan. 1999. Disponível em: http://www.anp.gov.br. Acesso em: 13 dez. 2002.

_____. _____. _____. Portaria n. 11/99. Rio de Janeiro, 13 jan. 1999. Disponível em: http://www.anp.gov.br>. Acesso em: 13 dez. 2002.

_____. _____. _____. Portaria n. 36/01. Rio de Janeiro, 7 mar. 2001. Disponível em: http://www.anp.gov.br>. Acesso em: 13 dez. 2002.

BANCO NACIONAL DE DESENVOLVIMENTO SOCIAL (BNDS). *Cadernos de infraestrutura*: Petrobras. Rio de Janeiro: BNDES, 1998(a).

_____. *Cadernos de infraestrutura*: Petróleo. Rio de Janeiro: BNDES, 1998(b).

_____. *Informe infraestrutura*. Rio de Janeiro: BNDES, 1998. n. 21.

_____. *Informe infraestrutura*. Rio de Janeiro: BNDES, 1998. n. 29.

_____. *Informe infraestrutura*. Rio de Janeiro: BNDES, 2000. n. 49.

BIERMAN JR.; Harold; DUCKES, Roland E.; DYCKMAN, Thomas R. Financial accounting in the petroleum industry. *Journal of Accountancy*, v. 138, n. 1, p. 58-64, 1974.

BRASIL. Decreto nº 2.705, de 3 de agosto de 1998.

_____. Lei nº 9.478, de 6 de agosto de 1997. Leis publicadas no Diário Oficial da União pelo Poder Executivo, disponíveis em: www.planalto.gov.br.

_____. Lei nº 11.638, de 28 de dezembro de 2007. Leis publicadas no Diário Oficial da União pelo Poder Executivo, disponíveis em: www.planalto.gov.br.

_____. Lei nº 11.941, de 27 de maio de 2009. Leis publicadas no Diário Oficial da União pelo Poder Executivo, disponíveis em: www.planalto.gov.br.

BRYANT, Lisa. Relative value relevance of the successful efforts and full cost accounting methods in the oil and gas industry. *Review of Accounting Studies*, v. 8, p. 5-28, 2003.

COMITÊ DE PRONUNCIAMENTOS CONTÁBEIS (CPC). Pronunciamentos técnicos, orientações técnicas e interpretações técnicas. Disponível em: http://www.cpc.org.br.

DE ALENCAR, F. G. *Contribuição ao tratamento contábil dos principais eventos de um ativo de exploração de reservas minerais*: uma abordagem de gestão econômica. São Paulo, 1998. Dissertação (Mestrado em Ciências Contábeis) – Departamento de Contabilidade e Atuaria, Faculdade de Economia e Administração, Universidade de São Paulo.

EPSTEIN, B. J.; JERMAKOWICZ, E. K. *Wiley IFRS 2009*: interpretation and application of international accounting and financial reporting standards. New York: John Wiley & Sons, 2009.

EPSTEIN, B. J.; NACH, R.; BRAGG, S. M. *Wiley GAAP*: interpretation and application of generally accepted accounting principles 2009. New York: John Wiley & Sons, 2008.

ERNST e YOUNG E FIPECAFI. *Manual de normas internacionais de contabilidade*: IFRS *versus* Normas Brasileiras. São Paulo: Atlas, 2009.

_____. *Manual de normas internacionais de contabilidade*: IFRS *versus* Normas Brasileiras. Novos pronunciamentos contábeis. São Paulo: Atlas, 2010. v. 2.

FINANCIAL ACCOUNTING STANDARDS BOARD (FASB). SFAC 6 – Statements of financial accounting concepts nº 6. *Elements of Financial Statements*. Estados Unidos, 1985. Disponível em: http://www.fasb.org.

_____. SFAS 19 – Statements of financial accounting standards nº 19. Financial Accounting and Reporting by oil and gas producing companies. Estados Unidos, 1977. Disponível em: http://www.fasb.org.

_____. SFAS 25 – Statements of financial accounting standards nº 25. Suspension of certain accounting requirements for oil and gas producing companies. Estados Unidos, 1979. Disponível em: http://www.fasb.org.

_____. SFAS 69 – Statements of financial accounting standards nº 69. Disclosures about oil and gas producing activities. Estados Unidos, 1982. Disponível em: http://www.fasb.org.

_____. SFAS 121 – Statements of financial accounting standards nº 121. Accounting for the impairment of long-lived assets and for long-lived assets to be disposed of Estados Unidos, 1995. Disponível em: http://www.fasb.org.

_____. SFAS 143 – Statements of financial accounting standards nº 143. Accounting for asset retirement obligations. Estados Unidos, 2001. Disponível em: http://www.fasb.org.

_____. SFAS 144 – Statements of financial accounting standards nº 144. Accounting for the impairment or disposal of long-lived assets. Estados Unidos, 2001. Disponível em: http://www.fasb.org.

_____. SFAS 146 – Statements of financial accounting standards nº 146. Accounting for costs associated with exit or disposal activities. Estados Unidos, 2002. Disponível em: http://www.fasb.org.

_____. Staff position nº 19-1 – Accounting for suspended well costs. Estados Unidos, 2005. Disponível em: http://www.fasb.org.

FIPECAFI. *Manual de contabilidade societária*: aplicável às demais sociedades (de acordo com as normas internacionais e do CPC). São Paulo: Atlas, 2010.

GALLUN, Rebecca A.; STEVENSON, John W.; NICHOLS, Linda M. *Fundamentals of oil & gas accounting*. 3. ed. Estados Unidos: Pennwell Books, 1993.

INTERNATIONAL ACCOUNTING STANDARDS BOARD (IASB). *International financial reporting standards*: IFRS®. Londres: IASB, 2009.

INSTITUTO DOS AUDITORES INDEPENDENTES DO BRASIL (IBRACON); INTERNATIONAL ACCOUNTING STANDARDS COMMITTEE FOUNDATION (IASCF). *Normas internacionais de relatório financeiro*: IFRS®. Pronunciamentos oficiais emitidos até 1º jan. 2009. São Paulo: IBRACON, 2010.

JENNINGS, Dennis R.; FEITEN, Joseph B.; BROCK, Horace R. *Petroleum accounting*: principles, procedures & issues. 5. ed. Estados Unidos: PriceWatherhouseCoopers, 2000.

JOHNSON, W. Bruce; RAMANAN, Ramachandran. Discretionary accounting changes from "successful efforts" to "full cost" methods: 1970-76. *The Accounting Review*. v. 63, n. 1, p. 96-110, jan. 1988.

KIESO, Donald E.; WEYGANDT, Jerry J.; WARFIELD, Terry D. *Intermediate accounting*. 10. ed. Estados Unidos: John Wiley & Sons Inc., 2001.

NAGGAR, Ali. Oil and gas accounting: where wall street stands. *Journal of Accountancy*. v. 146, n. 3, p. 72-77, 1978.

PETRÓLEO BRASILEIRO S.A. Demonstrações contábeis, Rio de Janeiro, 1998, p. 15-16.

_____. Demonstrações contábeis, 1999. p. 21-24, 38

_____. Demonstrações contábeis, 2000. p. 17, 25, 36.

_____. Demonstrações contábeis, 2000. p. 30.

PORTER, Stanley P. *Petroleum accounting practices*. Estados Unidos: McGraw Hill, 1965.

SECURITIES AND EXCHANGE COMMISSION (SEC). *Regulation S-X*. Estados Unidos, 1975. Disponível em: http://www.sec.gov.

SIGWALT, Marcelo. Petrobras lança ADR nos EUA. *Jornal do Brasil*, 2 nov. 1996.

SANTOS, Odilanei Morais dos. *Tratamento contábil das obrigações de baixa de ativos de longa duração*: uma aplicação em empresas petrolíferas. Dissertação (Mestrado em Ciências Contábeis). Rio de Janeiro, 2006. Faculdade de Administração Ciências Contábeis, Universidade Federal do Rio de Janeiro.

SANTOS, Odilanei Morais dos; SILVA, Paula D. Almeida da; E MARQUES, José Augusto V. da Silva. O custo de abandono das empresas petrolíferas. In: CONGRESSO INTERNACIONAL DE CUSTOS, 10, Itapema. 2005. Anais... Itapema: UFSC/ABC, 2005. CD-ROM.

SILVA, Carlos Eduardo Vieira da. *Uma análise da mudança das práticas contábeis, ocorridas em 1999, relativas às atividades de exploração e produção de petróleo*: o caso Petrobras S/A. Dissertação (Mestrado em Ciências Contábeis). Rio de Janeiro, 2004. Faculdade de Administração e Ciências Contábeis, Universidade Federal do Rio de Janeiro.

SMITH, C. Aubrey; BROCK, Horace R. *Accounting for oil and gas producers – Principles, procedures, and controls*. Estados Unidos: Prentice-Hall, 1959.

THOMAS, José Eduardo (Org.). *Fundamentos da engenharia de petróleo*. Rio de Janeiro: Interciência, 2001.

Anexo
I

Glossário

Terminologia Operacional

Agência Nacional do Petróleo – Órgão regulador do setor de petróleo e gás natural no Brasil.

Bloco – Pequena parte de uma bacia sedimentar onde são desenvolvidas atividades de exploração e produção de petróleo e gás natural.

Campo – Área produtora de petróleo ou gás natural a partir de um reservatório contínuo ou de mais de um reservatório, a profundidades variáveis, abrangendo instalações e equipamentos destinados à produção.

Completação de poços – Para completar o poço para produção, é preciso revesti-lo com tubos de aço. Coloca-se em torno dele uma camada de cimento, que impede a penetração de fluidos indesejáveis e o desmoronamento de suas paredes. A operação seguinte é o canhoneio: um canhão especial desce pelo interior do revestimento e, acionado da superfície, provoca perfurações no aço e no cimento, abrindo furos nas zonas portadoras e óleo ou gás, permitindo o escoamento desses fluidos para o interior do poço. Outra tubulação, de menor diâmetro (coluna de produção), é introduzida no poço para conduzir os fluidos até a superfície. Instala-se, então, na boca do poço um conjunto de válvulas conhecido como "árvore de natal" para controlar a produção.

Downstream – Atividades de refino do petróleo bruto, tratamento do gás natural, transporte/distribuição de derivados.

EP – Exploração e produção de petróleo e gás natural.

Gás liquefeito de petróleo (GLP) – Mistura de hidrocarbonetos com alta pressão de vapor, obtida do gás natural em unidades de processo especiais, que é mantida na fase líquida em condições especiais de armazenamento na superfície.

Gás natural – Todo hidrocarboneto ou mistura de hidrocarbonetos que permaneça em estado gasoso nas condições atmosféricas normais, extraído diretamente de reservatórios petrolíferos ou gaseíferos, incluindo gases úmidos, secos, residuais e gases raros.

Gás natural liquefeito (GNL) – Gás natural resfriado a temperaturas inferiores a 160 °C para fins de transferência e estocagem como líquido.

Gasolina natural – Líquido do gás natural obtido por um processo de compressão, destilação e absorção, cuja pressão de vapor é um meio-termo entre a do condensado e a do gás liquefeito de petróleo.

Grau API do *American Petroleum Institute* – Forma de expressar a densidade relativa de um óleo ou derivado. A escala API, medida em graus, varia inversamente à densidade relativa, isto é, quanto maior a densidade relativa, menor o grau API. O grau API é maior quando o petróleo é mais leve. Petróleos com grau API maior que 30 são considerados leves; entre 22 e 30° API, são médios; abaixo de 22° API são pesados; com grau API igual ou inferior a 10, são petróleos extrapesados. Quanto maior o grau API, maior o valor do petróleo no mercado.

Índice de sucesso exploratório – Número de poços exploratórios com presença de óleo e/ou gás comerciais em relação ao número total de poços exploratórios perfurados e avaliados no ano em curso.

Líquido de gás natural (LGN) – Parte do gás natural que se encontra na fase líquida em determinada condição de pressão e temperatura na superfície, obtida nos processos de separação de campo em unidades de processamento de gás natural ou em operações de transferência em gasodutos.

Óleo – Porção do petróleo existente na fase líquida nas condições de pressão e temperatura de superfície.

Óleo combustível – Frações mais pesadas da destilação atmosférica do petróleo. Largamente utilizado como combustível industrial em caldeiras, fornos etc.

Petróleo – Todo e qualquer hidrocarboneto líquido em seu estado natural, a exemplo do óleo cru e condensado.

Poço exploratório – Um poço perfurado com a finalidade de encontrar e produzir óleo e gás em uma área não provada, de encontrar um novo reservatório em um campo com outro reservatório que é produtivo, ou de saber a extensão de um reservatório conhecido. Geralmente, um poço exploratório é qualquer poço que não é um poço de desenvolvimento, de serviço, ou de teste estratigráfico. Estes serão definidos a seguir.

Poço de serviço – Um poço perfurado com o propósito de manter a produção em um campo existente. O reservatório possui uma pressão natural que diminui gradualmente devido a retirada de óleo e gás, dificultando a elevação do óleo e do gás à superfície conforme o campo é produzido. Sendo assim, os poços de serviço têm o objetivo de recuperar a pressão original do reservatório através da injeção de água, reinjeção de parte do próprio gás retirado ou outro tipo de fluido.

Poço de teste estratigráfico – Um poço perfurado somente para informação (geralmente no mar – *offshore*). Tais poços são perfurados para a obtenção de informações sobre a camada geológica subterrânea e sua profundidade, assim, são perfurados sem a intenção de serem concluídos posteriormente para a produção de hidrocarbonetos. Os poços de testes estratigráficos são classificados como:
- Tipo-exploratório: é o poço de teste estratigráfico perfurado em uma área não provada;
- Tipo-desenvolvimento: é o poço perfurado em uma área provada.

Poço de desenvolvimento – É o poço perfurado dentro da área provada de um reservatório de óleo e gás à profundidade de um horizonte produtivo conhecido.

Propriedades provadas – Propriedades com reservas provadas conhecidas.

Propriedades não provadas – Propriedades sem reservas provadas conhecidas.

Recompletação de poços – A zona produtora do poço é a camada de rocha onde se encontra o óleo e/ou gás. Sendo assim, a recompletação visa substituir a(s) zona(s) que estava(m) em produção. Quando cessa o interesse em se produzir (ou injetar) em determinada zona, esta é abandonada e o poço é recompletado para produzir (ou injetar) em outro intervalo. A recompletação também é realizada quando se deseja converter um poço produtor em injetor (de água, gás, vapor etc.) ou vice-versa.

Reserva – Recursos descobertos de petróleo e/ou gás natural comercialmente recuperáveis a partir de determinada data.

Reservatório – É uma formação subterrânea porosa e permeável, produtora de óleo e gás que estão confinados por uma rocha impermeável ou por barreiras de água, separadas de outros reservatórios. As categorias de reservas podem ser definidas como: reservas provadas desenvolvidas e não desenvolvidas e reservas não provadas.

Reservas provadas – Reservas de petróleo e/ou gás natural que, com base na análise de dados geológicos ou de engenharia, se estima recuperar comercialmente reservatórios descobertos e avaliados com elevado grau de certeza. Para isso são considerados as condições econômicas vigentes, os métodos operacionais usualmente viáveis e os regulamentos instituídos pelas legislações petrolífera e tributárias brasileiras.

Reservas provadas desenvolvidas – São reservas possivelmente recuperáveis por meio de poços, equipamentos e métodos operacionais existentes.

Reservas provadas não desenvolvidas – São as reservas possivelmente recuperáveis por meio de novos poços em áreas não perfuradas ou de poços existentes aos quais é requerido um gasto significativo para recompletação.

SPE – Society of Petroleum Engineers.

Upstream – Atividades de exploração e produção.

Volume recuperável – Volume de petróleo expresso nas condições básicas que poderá ser obtido como resultado da produção de um reservatório, desde as condições iniciais até seu abandono, por meio da melhor alternativa apontada pelos estudos técnico-econômicos realizados até a época da avaliação. Volume recuperável = volume inicial × fator de recuperação.

Terminologia do mercado financeiro

American depositary receipts (ADR) – Certificados negociáveis nos Estados Unidos que representam uma ou mais ações de uma companhia estrangeira. Um banco depositário norte-americano emite os ADRs contra o depósito das ações que estão relacionadas, mantidas por um custodiante no país de origem das ações.

Overhead – Gastos corporativos de administração e apoio.

Securities and Exchange Commission (SEC) – Órgão regulador e fiscalizador do mercado de capitais norte-americano, equivalente, no Brasil, à Comissão de Valores Mobiliários (CVM).

US GAAP (Accounting principles generally accepted in United States of America) – Padrão contábil norte-americano.

Abreviações

bbl – Barril.

boe – Barril de óleo equivalente. Normalmente usado para expressar volumes de petróleo e gás natural na mesma unidade de medida (barris) através da conversão do gás nacional à taxa de 1.000 m^3 de gás para 1 m^3 de petróleo. Para o barril de óleo equivalente internacional, é aproximadamente igual a 6.000 pés cúbicos de gás natural.

boepd – Barris de óleo equivalente por dia.

bpd – Barris por dia.
mcf – Milhões de pés cúbicos.

Tabela de conversão

a. Metros cúbicos (m^3) em barris (bbl): bbl = m^3 / 0,158984
b. 1 m^3 1.000 litros = 6,28994113 bbl
c. 1 bbl = 158,984 litros = 0,158984 m^3
d. 1.000 m^3 gás natural = 1 m^3 óleo (aproximadamente)
e. 1 pé cúbico (cf) = 0,028117 m^3

Anexo II

Teste de *Impairment*

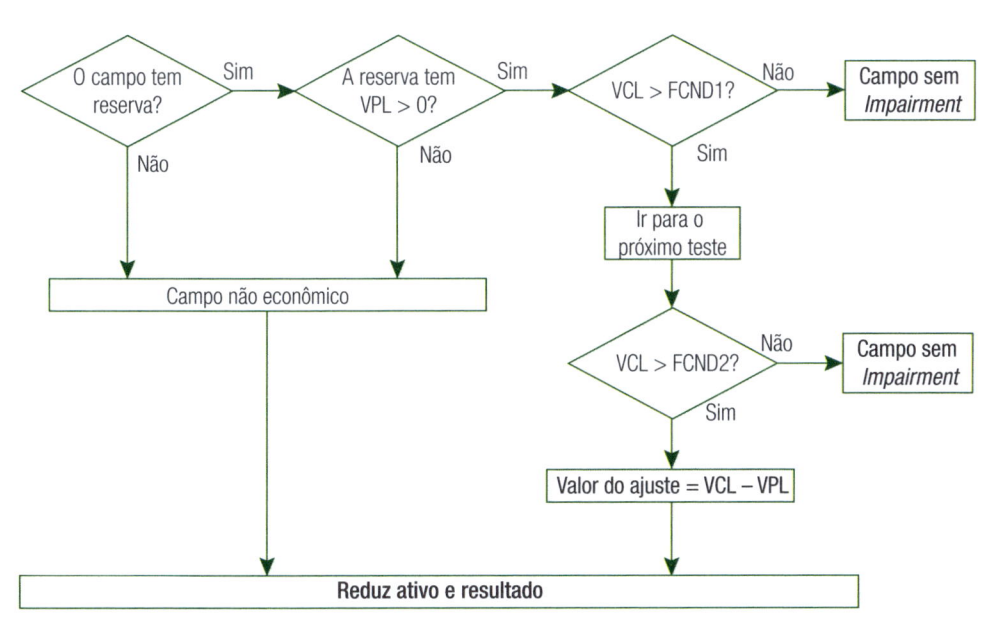

```
O campo tem reserva?
  ├─ Sim → A reserva tem VPL > 0?
  │         ├─ Sim → VCL > FCND1?
  │         │         ├─ Não → Campo sem Impairment
  │         │         └─ Sim → Ir para o próximo teste
  │         │                   │
  │         │                   ▼
  │         │                 VCL > FCND2?
  │         │                   ├─ Não → Campo sem Impairment
  │         │                   └─ Sim → Valor do ajuste = VCL − VPL
  │         │                             │
  │         │                             ▼
  │         └─ Não → Reduz ativo e resultado
  └─ Não → Campo não econômico → Reduz ativo e resultado
```

VCL = valor contábil líquido incluindo provisão para abandono
FCND1 = fluxo de caixa não descontado com base nas reservas provadas
FCND2 = fluxo de caixa não descontado com base nas reservas provadas e prováveis
VPL = valor presente líquido

Anexo III

Lista de exercícios

Successful efforts accounting

1. Com os itens listados a seguir, incorridos em 2009, prepare uma DRE e um Balanço Patrimonial (parcial) segundo o método dos esforços bem-sucedidos (SE) e o do custo total (FC).

Gastos de aquisição	$ 30.000
Gastos de geologia e geofísica	$ 80.000
Poços exploratórios malsucedidos	$ 1.500.000
Poços exploratórios bem-sucedidos	$ 350.000
Poços de desenvolvimento (secos)	$ 200.000
Poços de desenvolvimento (bem-sucedidos)	$ 475.000
Gastos de aquisição de instalações de produção	$ 250.000
Gastos de produção	$ 60.000
Depleção do período	55.000(SE) $ 125.000 (FC)
Depleção acumulada	150.000 (SE) $ 360.000 (FC)
Receita da venda de óleo/gás	$ 225.000

2. Indique se os seguintes gastos devem ser despesas (D) ou ativados (A), dependendo de qual método uma determinada companhia utilizará – o *successful efforts* (SE), ou o *full cost* (FC):

	Successful Efforts		Full Cost	
	D	C	D	C
Gastos de aquisição				
Gastos de GG				
Poços exploratórios secos				
Poços exploratórios bem-sucedidos				
Poços de desenvolvimento secos				
Poços de desenvolvimento bem-sucedidos				
Gastos de produção				
Aquisição de dados sísmicos				

3. Quando um poço é perfurado para delinear o perímetro de um reservatório, este é considerado um poço exploratório ou de desenvolvimento?

4. Dry Oil Company, uma empresa que segue o *successful efforts*, perfura um poço exploratório *offshore* a um custo de $ 1 milhão. Constatou-se que o poço é seco, mas a empresa percebeu que os dados de GG eram promissores e perfurou outro poço perto do primeiro. Deve o custo do primeiro poço ser capitalizado, ou tratado como despesa?

5. Em 31/12/2006, Lotus Oil Company reconheceu um *impairment* de $ 100.000 em uma reserva. Antes da publicação das demonstrações financeiras, no início do ano seguinte, um poço foi perfurado e reservas provadas foram encontradas. A empresa revisou suas demonstrações contábeis e não reconheceu o *impairment* na propriedade. Comente a situação.

6. Green Company, uma companhia que utiliza o *successful efforts*, possui um campo produtor com um custo de $ 10.000.000. Entretanto, no fim do ano, um poço foi abandonado por ser considerado seco e, agora, o campo foi considerado deteriorado em 40%. Prepare os lançamentos contábeis deste ajuste.

7. Hard Luck Oil Company possuía as seguintes propriedades não provadas no fim de 2005:

Propriedades significativas		Propriedades não significativas	
Campo A	$ 300.000	Campo C	$ 50.000
Campo B	$ 350.000	Campo D	$ 25.000
	$ 650.000	Campo E	$ 40.000
		Campo F	$ 30.000
			$ 145.000

Embora não tenha havido nenhuma atividade no campo A, a empresa decidiu que este campo não teve *impairment*, pois, devido o "primary term", ainda há três anos para o início da exploração. Durante este ano, dois poços secos foram perfurados no campo B, mas, como a empresa pretende perfurar mais um poço no ano seguinte, decidiu-se que este campo sofreu um *impairment* de somente 40%. Com respeito aos campos não significativos, a experiência passada indica que 70% das propriedades não provadas, avaliadas em grupo, serão provavelmente abandonadas. A política da Hard Luck é provisionar um montante equivalente a 70% dos gastos destas propriedades. No balanço, já temos contabilizado o valor de $ 20.000, na conta representativa do *impairment*. Faça os lançamentos de registro do novo valor do *impairment*.

8. O balanço da Wildcat Company, em 31/12/2004, indicava as seguintes contas:

	Custo	Total de *impairment*
Campo A	$ 40.000	$ 10.000
Campo B	$ 80.000	$ 24.000
Campo C	$ 100.000	$ 0
Campos (D-J)	$ 200.000	$ 120.000

Durante 2005 ocorreram os seguintes eventos relacionados às propriedades não provadas mencionadas anteriormente:
a. Campo A é abandonado;
b. Campo B é entregue à ANP;
c. Campos G e F, de valores $ 2.000 e $ 3.000, respectivamente, são abandonados.

Prepare os lançamentos necessários.

9. Royalty Oil Co perfurou um poço exploratório em uma área remota e encontrou reservas, mas não o suficiente para justificar a construção de um duto necessário. A companhia não tem planos de perfurar qualquer poço exploratório adicional neste momento. Como devem ser registrados esses gastos?

10. Aggie Oil Company perfurou um poço exploratório durante 2006 que encontrou óleo, mas não em quantidade comercial aos preços correntes. Sendo assim, considerando que reservas provadas não foram encontradas, a empresa lançou como despesas os gastos com este poço em 2006. No início do ano seguinte, mas depois da publicação das demonstrações contábeis da Aggie, o preço do óleo subiu de tal maneira que as reservas descobertas pelo poço exploratório em 2006 tornaram-se comercialmente produtivas.

Pergunta: deve a Aggie recuperar os gastos com este poço exploratório do resultado?

11. A Gusher Oil Company calcula a depleção por campo. Os dados do balanço patrimonial em 31/12/2005 são os seguintes:

Propriedades não provadas (líquido *impairment*)	$ 200.000
Propriedades provadas	$ 500.000
(Depleção acumulada)	($ 100.000)
Valor líquido	$ 400.000
Poços e equipamentos relacionados	$ 3.000.000
(Depleção acumulada)	($ 1.000.000)
Valor líquido	$ 2.000.000

Durante 2006, a Gusher realizou as seguintes operações:

Aquisição de propriedades não provadas	$ 35.000
Pagamento de *delay rentals* para prop. não provadas	$ 10.000
Aquisição de dados sísmicos para prop. não provadas	$ 20.000
Perfuração de poço exploratório seco	$ 275.000
Perfuração de poço exploratório bem-sucedido	$ 400.000
Perfuração de poço de desenvolvimento seco	$ 300.000
Poço de serviço	$ 125.000
Tanques, separadores etc. (instalados)	$ 325.000
Perfuração de poço de desenvolvimento (em andamento)	$ 140.000

	Óleo (bbl)	Gás (mcf)
Produção	100.000	500.000
Reservas provadas, 31/12/2006	1.020.000	5.000.000
Reservas provadas e desenvolvidas	900.000	4.700.000

Utilizando a medida barris de óleo equivalente (boe), calcule a depleção para 2006.

12. A Dixie Oil Company possui as seguintes informações e saldos em contas nos balanços de 2005 e 2006, como seguem:

	31/12/2005	31/12/2006
Custo de propriedades provadas	$ 40.000	$ 40.000
Depleção acumulada	($ 4.000)	?
Poços/Equiptos relacionados	$ 400.000	$ 600.000
Depleção acumulada	($ 60.000)	?

		2005	2006
Reservas provadas (31/12)	Óleo	30.000 bbl	50.000 bbl
	Gás	450.000 mcf	600.000 mcf
Reservas provadas não desenv. (31/12)	Óleo	10.000 bbl	12.000 bbl
	Gás	200.000 mcf	120.000 mcf
Produção durante o ano	Óleo	5.000 bbl	7.000 bbl
	Gás	50.000 mcf	70.000 mcf

Calcule a depleção acumulada para 2006, usando:
a. A unidade de medida comum equivalente a mcf;
b. Considerando o gás como mineral dominante.

Full Cost Accounting

13. Com os dados a seguir, calcule a depleção acumulada:

Gastos depletáveis	$ 700.000
Valor líquido recuperável	$ 60.000
Gastos futuros de desenvolvimento de reservas provadas	$ 100.000
Reservas provadas (31/12)	100.000 bbl
Reservas provadas e desenvolvidas (31/12)	75.000 bbl
Produção durante o ano	20.000 bbl

14. Os dados da Pride Oil Company, em 31/12/2006, são os seguintes:

Gastos depletáveis	$ 700.000
Gastos futuros de desenvolvimento de reservas provadas	$ 100.000
Gastos estimados futuros de abandono de áreas	200.000
Valores líquidos recuperáveis	50.000
Reservas provadas (31/12)	100.000 bbl
Reservas provadas e desenvolvidas (31/12)	75.000 bbl
Produção durante o ano	20.000 bbl

	Óleo (bbl)	Gás (mcf)
Reservas provadas (31/12/06)	100.000	300.000
Reservas provadas e desenvolvidas (31/12/06)	75.000	120.000
Produção durante o ano	20.000	50.000
Preço de venda durante o ano	$ 30/bbl	$ 1,00/mcf
Preço de venda (31/12/06)	$ 25/bbl	$ 1,50/mcf
Preço de venda esperado (2007)	$ 27/bbl	$ 2,00/mcf

Calcule a depleção utilizando:
a) Boe como unidade de medida comum.
b) Usando o método das unidades de receita.

15. A Ebert Oil Company apresentou as seguintes informações em 31 de dezembro de 2007:

VPL de receitas futuras	$ 60.000.000
VPL dos gastos futuros relacionados	$ 15.000.000
Gastos ativados de propriedades provadas	$ 50.000.000
Gastos ativados de propriedades não provadas (não amortizados)	$ 11.000.000
Depleção acumulada	($ 4.000.000)

Com estes dados, realize:
a) O teste de Teto *ceilling test* e, se necessário, o lançamento com a baixa dos gastos ativados;
b) O teste de Teto *ceilling test* e, se necessário, o lançamento com a baixa dos gastos ativados, porém, considere que o VPL das receitas futuras seja de $ 70.000.000.

16. A Hays Oil Company apresentou os seguintes dados do balanço de 2005 referentes a um campo produtor:

Propriedades não provadas	$ 20.000
Propriedades provadas	$ 30.000
Poços e equipamentos relacionados	$ 400.000

Este campo foi abandonado em 2006. Efetue os lançamentos contábeis.

17. A Flamengo's Oil Company apresentou as seguintes informações do balanço de 2009:

Gastos ativados (incluindo gastos de desenvolvimento futuros)	$ 2.000.000
Depleção acumulada	$ 800.000
Reservas provadas – óleo	200.000 bbl
Reservas provadas – gás	800.000 Mcf
Produção em 2009:	
Óleo 15.000 bbl	preço médio de venda $ 20/bbl
Gás 70.000 Mcf	preço médio de venda $ 1,25/Mcf
Preços correntes de venda (31/12/09):	
Óleo	$ 22/bbl
Gás	$ 1,50/Mcf

Calcule a depleção acumulada usando o método das unidades de receita.

Este livro foi impresso na
LIS GRÁFICA E EDITORA LTDA.
Rua Felício Antônio Alves, 370 – Bonsucesso
CEP 07175-450 – Guarulhos – SP
Fone: (11) 3382-0777 – Fax: (11) 3382-0778
lisgrafica@lisgrafica.com.br – www.lisgrafica.com.br